Die Bilder und Interviews in diesem Buch entstanden zwischen November 2008 und Oktober 2009. Im Zuge der Arbeit an unserem Kinofilm »Unter Kontrolle. Eine Archäologie der Atomkraft« erhielten wir Zugang zu einer Vielzahl von Atomanlagen, dokumentierten sie in Bildern und führten Gespräche mit Personen, die verschiedene Aufgaben in der Atomindustrie und -forschung erfüllten. Die abgeschotteten Sicherheitsbereiche, die wir betraten, befinden sich in Anlagen in ganz Deutschland, üblicherweise fernab von Ballungsräumen. Sie wurden alle in der zweiten Hälfte des 20. Jahrhunderts errichtet.
Volker Sattel und Stefan Stefanescu

Unter Kontrolle

Eine Archäologie der Atomkraft

Volker Sattel
Stefan Stefanescu

orange-press

1

Heisenbergstr.
Werner Heisenberg,
dt. Physiker, geb. 1901, gest. 1976
H 150
4.8
1.0
S 100
2.4
1.0
tabacon
Zigaretten
Achtung
STECK EINE VON UNS REIN
BEZAHL MIT GELADENEM CHIP*
ODER
WERFE EINFACH DIE MÜNZEN EIN

Lise-Meitner-Weg
Zum Max-Born-Weg
H 150
3.3
1.9

Fischerstraße
25
EL AA 421

Raible
FIAT
KA BL 6606

AALWE

Die ersten Atomanlagen in der Bundesrepublik waren Versuchsreaktoren, die in den 1950er Jahren entstanden, die wichtigsten bei Karlsruhe, München und Hamburg. In den folgenden drei Jahrzehnten entstanden Kernkraftwerke mit insgesamt 30 Reaktorblöcken, bevorzugt an Standorten in ländlichen und strukturschwachen Gegenden. Bei Lingen und Neckarwestheim gingen 1988/89 die letzten beiden deutschen Leistungsreaktoren in Betrieb.

VORHERIGE SEITEN

9, 10 Garching bei München
12, 14 Lingen-Hanekenfähr
16 Philippsburg am Rhein
18 Emmerthal im Weserbergland
20 Lingen-Hanekenfähr

+5,40

HERSA
SECURITY

Im Jahr 1984 gingen in der Bundesrepublik fünf neue Kernkraftwerke in Betrieb, so auch die Anlage in Grohnde nahe Hameln.

VORHERIGE SEITEN

23 Treppenhaus zur Leitwarte im zweiten Obergeschoss. In Kernkraftwerken werden, wie in allen Industrieanlagen üblich, keine Stockwerke, sondern Meter über Bodenniveau angegeben.

24 Betriebsgelände des Kernkraftwerks. Im Zentrum steht die 65 Meter hohe Reaktorkuppel, flankiert von zwei 146 Meter hohen Kühltürmen.

26 Verwaltungsgebäude des Kernkraftwerks. Auf der Anlage sind rund 350 Mitarbeiter fest angestellt.

28 Betonsperren sichern ein ungenutztes Zufahrtstor. Das Werksgelände ist von einem über zwei Kilometer langen Sicherheitszaun umgeben.

30 Turbinenhalle und Betonkuppel des Druckwasserreaktors.

32 Wachmann auf dem Werksgelände beim Kontrollgang am Außenzaun.

34 Eine von zwölf Abschussvorrichtungen zur Vernebelung des Kraftwerks Grohnde. Es wurde als erstes in Deutschland mit einer solchen Anlage zum Schutz vor Angriffen aus der Luft nachgerüstet.

FILMPLAKETTEN
KGB-PERSONAL

45
45
Asser
KGB
HIEBER
44
44

Zugang Kontrollbereich
Umkleidebereiche
XI XII XIII
Revisionsmeistereien
Verhalten im Brandfall

Kontrollbereich
eidebereiche
XI XII XIII
nsmeistereien
Hausverwaltung

T5
SEIBT+KAPP

T6
SEIBT+KAPP
50
Trockenzeiten für:
Overall 36 Min Temp. 100°
Unterwäsche 36 Min Temp. 100°
Socken 36 Min Temp. 100°
Handtücher 36 Min Temp. 100°
Badetücher 36 Min Temp. 100°
Handschuhe 36 Min Temp. 100°
Überschuhe 18 Min Temp. 100°

Zum Kon

reich
94

Sicher mit Helm

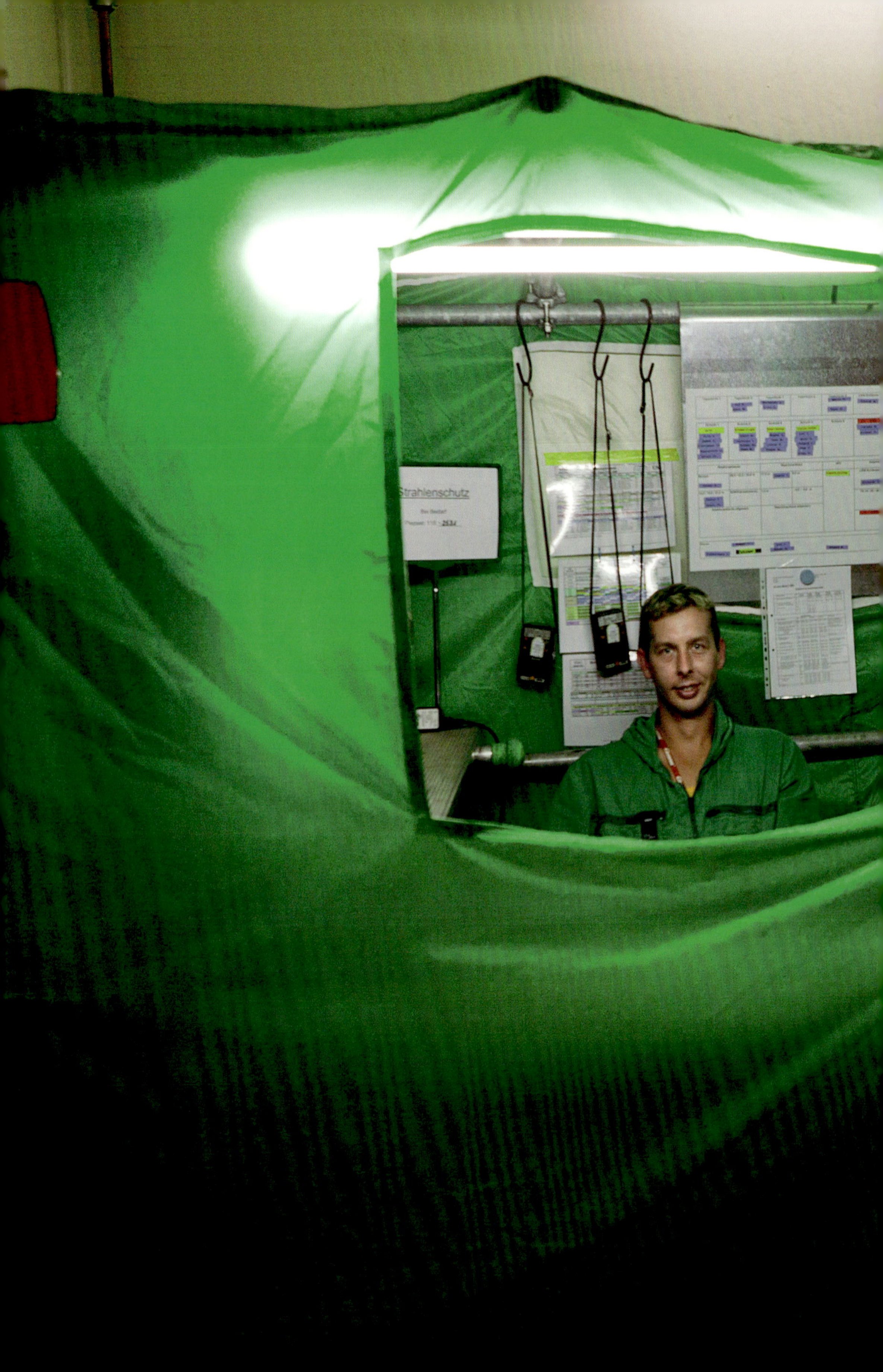
Strahlenschutz

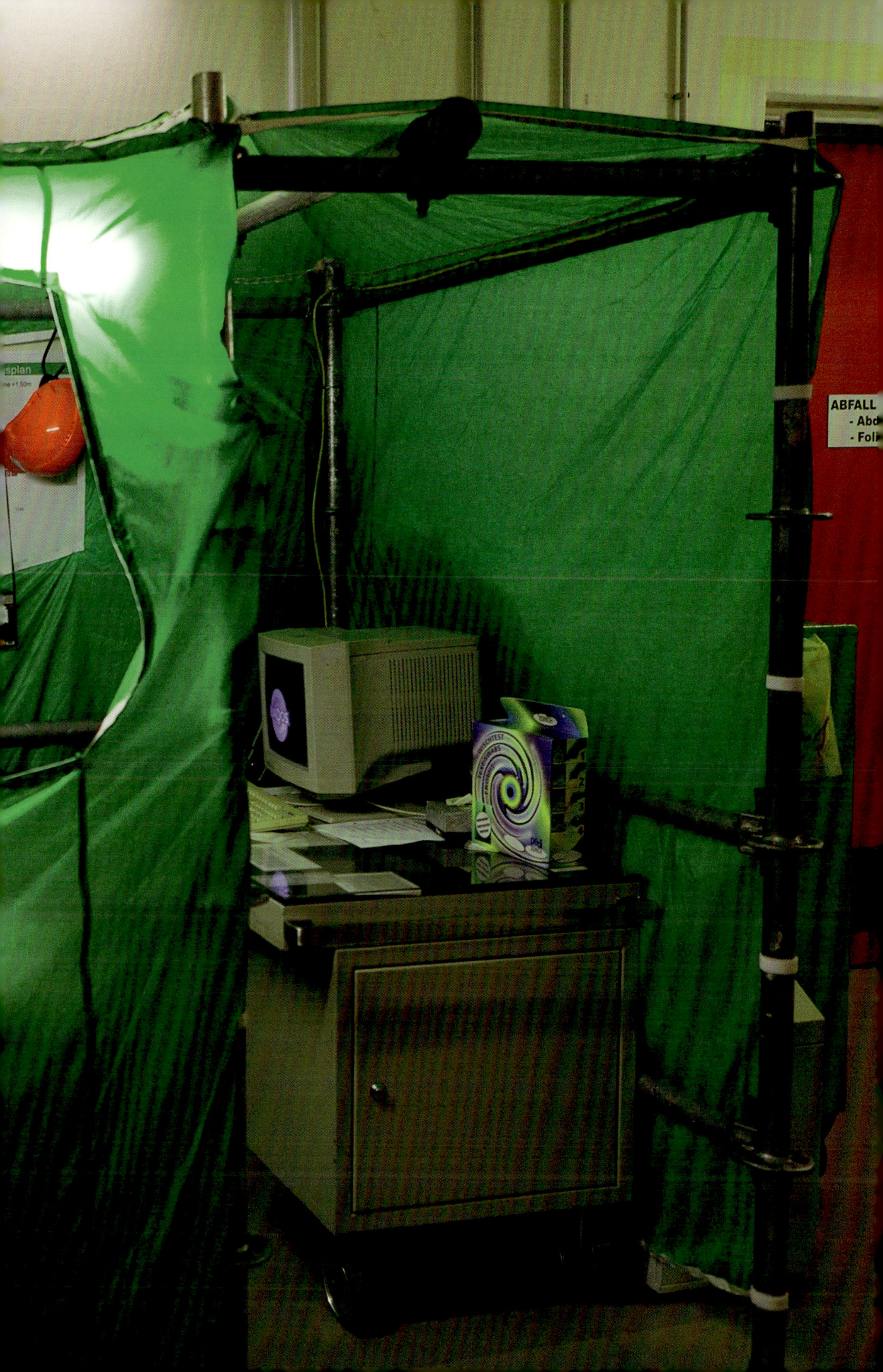
ABFALL

Im Regelbetrieb läuft ein Kernkraftwerk rund um die Uhr und weite Teile sind menschenleer. Nur während der sogenannten Revision, in der umfangreiche Wartungsarbeiten und der Brennelementwechsel durchgeführt werden, kommen zusätzlich meist über 1000 Arbeiter als Fremdpersonal im Kraftwerk zum Einsatz. Diese »Revisionäre« arbeiten vorwiegend in den inneren Bereichen des Reaktors und im Maschinenhaus. Hierzu wird der Reaktor einmal im Jahr für mehrere Wochen abgeschaltet. Im Kernkraftwerk Gundremmingen im bayerisch-schwäbischen Landkreis Günzburg findet die Revision wie in Deutschland üblich in der wärmeren Jahreshälfte statt, wenn weniger Energie benötigt wird. Jeweils ein Reaktor der im Jahr 1984 ans Netz gegangenen Doppelblockanlage wird dann abgeschaltet.

VORHERIGE SEITEN

37 Während ihrer Pausen tragen die Fremdarbeiter blaue Mäntel mit Badeschlappen, um Umkleidezeiten gering zu halten.

38 Die blauen »amtlichen Filmplaketten« registrieren im laufenden Reaktorbetrieb die auf den Mitarbeiter abgegebene Neutronenstrahlung.

39 Ein langer Brückengang ist die einzige Verbindung in die radioaktiven Bereiche des Kernkraftwerks.

40 In den Umkleidebereichen lagert die einfache Schutzkleidung für den Arbeitseinsatz im Kontrollbereich, dem radioaktiven Bereich der Anlage.

42 Revisionsarbeiter nach der Mittagspause. Die Fahrstühle führen zur Schleuse in den Kontrollbereich.

44 Im Kontrollbereich arbeiten nur Männer, auch in der »heißen Wäscherei«. Dort wird die kontaminierte Arbeitskleidung gewaschen, um möglichst wenig Schutzanzüge als Strahlenabfall entsorgen zu müssen.

46 Jeder Arbeiter durchläuft beim Eintritt in den Kontrollbereich eine Gesichtskontrolle und wird registriert. Danach erhält er ein Dosimeter, das in der Brusttasche der Arbeitskleidung mitzuführen ist. Es registriert die Strahlendosis, die der Arbeiter während seines Einsatzes aufnimmt.

48 Fahrstuhl im Reaktorblock. Der Zugang zum geöffneten Reaktor und zum Abklingbecken liegt auf knapp 40 Metern Höhe.

50 Zur Überwachung der radioaktiven Belastung richten die in grünen Schutzanzügen gekleideten Männer der Abteilung Strahlenschutz sogenannte Strahlenstützpunkte während der Revision im Kontrollbereich ein.

52 Kantinensaal, der nur während der Revision für die Fremdarbeiter geöffnet wird.

PONS
PONS

MESSPLATZ LB770-1
Nur für
081
GEMOS

LOW RADIOACTIVITY DATA SYSTEM LB 530 PC
Null-
messung
läuft !
MESSPLATZ LB770-2
Nur für
Anlagenwischteste
(Behälter, Komponenten, Zonen, etc.)
Achtung!

Für den Bau der beiden neuen Reaktorblöcke in Gundremmingen wurde in den 1970er Jahren ein architektonischer Wettbewerb ausgelobt. Das Gewinnerkonzept sah eine spezielle Farbgestaltung vor, die sich reibungslos in die Umgebung integrieren und dem Stil konventioneller Wohn- und Bürobauten möglichst nahekommen sollte. Für weite Teile der Fassadenverkleidung wählte man eine Farbe namens »Bisonbraun«.

VORHERIGE SEITEN

55 Der Block A des Kernkraftwerks Gundremmingen war bei seiner Inbetriebnahme 1966 für sechs Wochen der weltweit größte seiner Art. Bei dem bisher schwersten Reaktorunfall der deutschen Geschichte wurde der Siedewasserreaktor 1977 infolge eines Kurzschlusses durch Eisregen so schwer beschädigt, dass sich eine Wiederinbetriebnahme für das Unternehmen nicht mehr rechnete. Im Bild der Blick zum alten Kraftwerksteil vom heutigen Verwaltungsgebäude aus.

56 Im Besprechungszimmer werden jeden Morgen die Einsatzplanungen des Tages kommuniziert.

58 Büro des Kraftwerksleiters

60 Arbeitsplatz in der Strahlenschutzabteilung, die dafür Sorge tragen soll, dass jede Person, die den Kontrollbereich betritt, so wenig wie möglich Strahlung und Kontaminationen ausgesetzt ist.

62 Kantine des ständigen Kraftwerkspersonals

64 Tore und Zugänge sind auf dem Werksgelände meist in rot gehalten.

66 Weiße Fassadenbleche verkleiden die beiden Reaktoren. Das Maschinenhaus und andere Anlagengebäude haben die Farbe »Bisonbraun«.

getragene Mäntel

Schiebetor
STOP
STOP

FEUERALARM

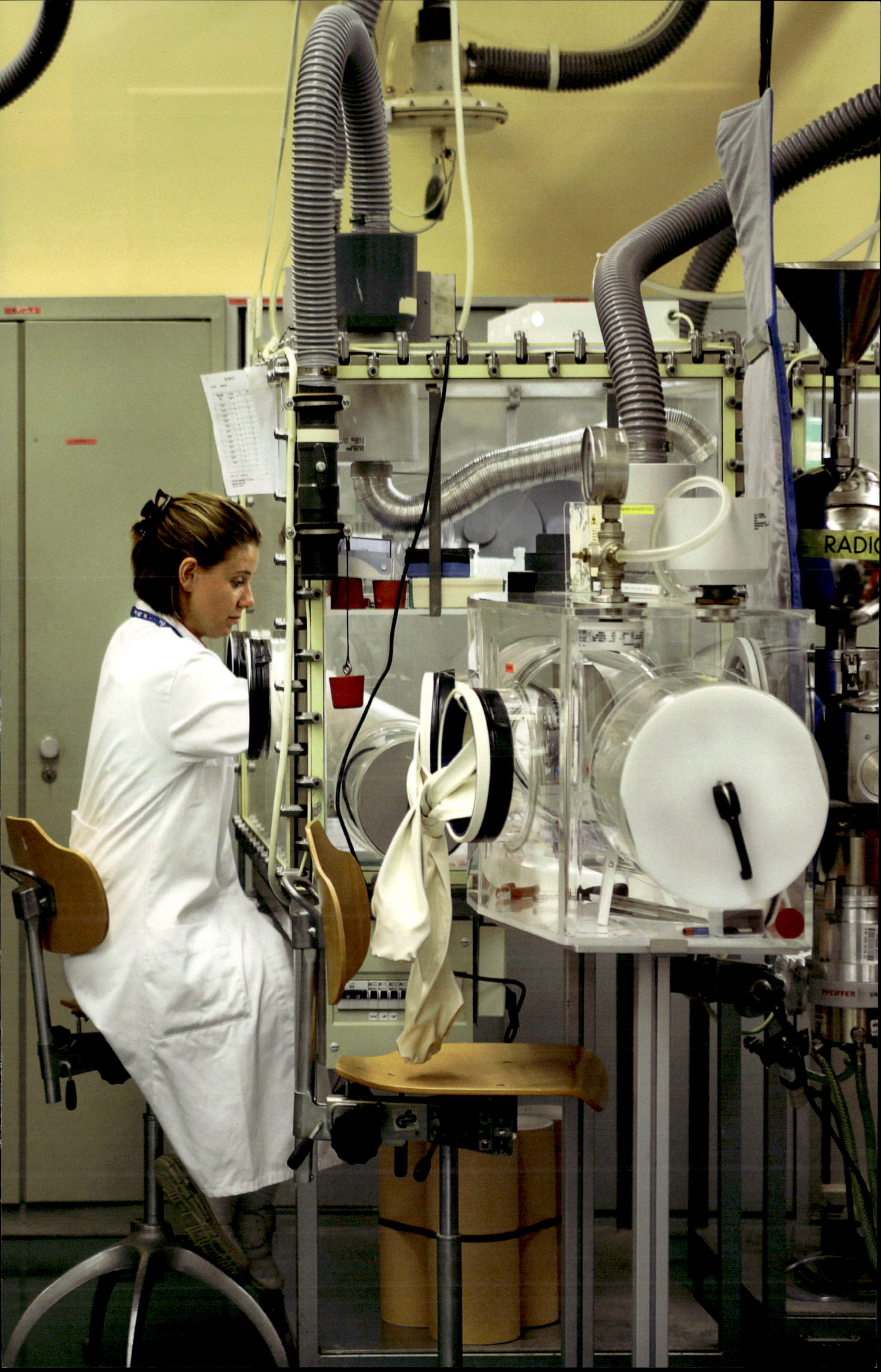

ZELLE

HS/UEM
Strahlenschutzbüro
Raum 126
Wenn unbesetzt,dann bitte
Telefon 4117 / 3746 4014
Oder UHF-Ruf *556672179

Das 1956 gegründete Kernforschungszentrum Karlsruhe gilt als Wiege der deutschen Kernkraft. Verschiedene Reaktortypen zur Energiegewinnung wurden hier erprobt und teilweise selbst entwickelt. Auch an den nuklearen Versuchskraftwerken in Großwelzheim am Main und Niederaichbach an der Isar, die nach massiven und irreparablen Schäden nach nur kurzem Betrieb wieder stillgelegt wurden, war man beteiligt. In Karlsruhe entstand zudem eine Versuchsanlage für Wiederaufarbeitung, ein Atommülllager und das internationale Institut für Transurane.

VORHERIGE SEITEN

70 Im »Hardtwald«, einem geschlossenen Waldgebiet nördlich von Karlsruhe, wuchs die »Reaktorstation« innerhalb weniger Jahre zum nuklearen Forschungsareal.

72 Die Entwicklung eines »schnellen Brüters« wurde ab 1960 zu einem der wichtigsten Vorhaben des Kernforschungszentrums. Die umstrittene Nukleartechnologie, die die Kernindustrie von Uranreserven unabhängig machen sollte, wurde später in Kalkar als industrielle Anlage umgesetzt. Die Karlsruher Vorstufe hierzu, die »kompakte natriumgekühlte Kernreaktoranlage«, befindet sich seit 1993 im Rückbau.

74 In der stark gesicherten Wiederaufarbeitungsanlage wurde hochradioaktiver Abfall aus den benachbarten Forschungsreaktoren sowie mehreren deutschen Kernkraftwerken aufgearbeitet. Als Pilotanlage für die später in Gorleben beziehungsweise Wackersdorf geplanten Großanlagen war sie seit 1971 in Betrieb.

76 Der Anteil der Kernkraft am Forschungszentrum Karlsruhe ging nach 1984 rapide zurück. Seit Anfang der 1990er Jahre sind alle fünf Versuchsreaktoren auf dem Gelände und die Wiederaufarbeitungsanlage stillgelegt; ihr Rückbau dauert bis heute an. Die Forschung im Bereich Kernkraft beschränkt sich mittlerweile auf Sicherheitsforschung und die Abfallproblematik.

78 Das Institut für Transurane wurde 1957 als »Plutoniuminstitut« gegründet. Es liegt auf dem Karlsruher Forschungsgelände, ist aber eine eigenständige Einrichtung der Europäischen Kommission. Unberührt vom deutschen Atomausstieg wird in dem international finanzierten Institut an zukünftiger Kernkrafttechnologie geforscht.

80 Die Abteilung »Nukleare Forensik« des Instituts kooperiert mit der Internationalen Atomenergiebehörde bei der Bekämpfung von illegalem Umgang mit radioaktiven Materialien.

82 Arbeiten mit hoher Strahlungs- und Kontaminationsgefahr werden in Vollschutzanzügen verrichtet.

83 In sogenannten heißen Zellen können Wissenschaftler selbst mit abgebrannten Brennelementen aus Kernkraftwerken hantieren. Die hochradioaktive Strahlung der Untersuchungsproben erfordert zur Abschirmung eine über ein Meter dicke Spezialglasscheibe.

84 Verwaltungsgebäude der »Hauptabteilung Dekontaminationsbetriebe«, einer Einrichtung zur Verarbeitung und Entsorgung radioaktiver Abfälle.

86 »Wasserstofftechnikum«: In Druckkammern des Versuchsstands werden die Ausbreitung von Wasserstoff und die Entwicklungen von Explosionen untersucht.

88 »Quench-Versuchsanlage«: Hier werden Forschungen zu schweren Störfällen durchgeführt – etwa zu Kernschmelzen in Leichtwasserreaktoren.

Reaktor
Deckelfluten in Betrieb
Nicht schalten!

60 MW
H2O

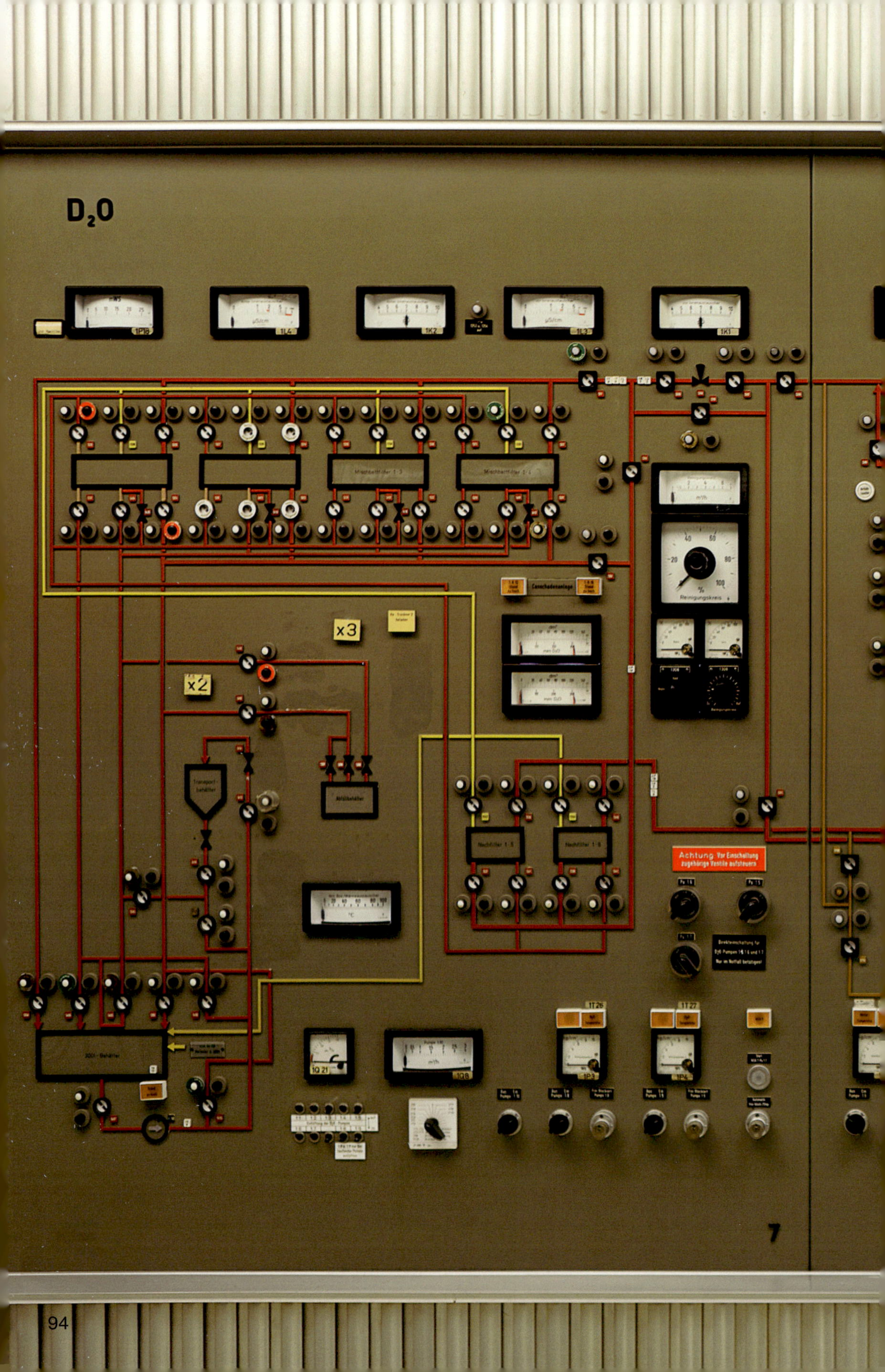
D_2O
1P18
1L4
1K2
1L3
1K1
Reinigungskreis
x3
x2
Achtung Vor Einschaltung
zugehörige Ventile aufsteuern
7

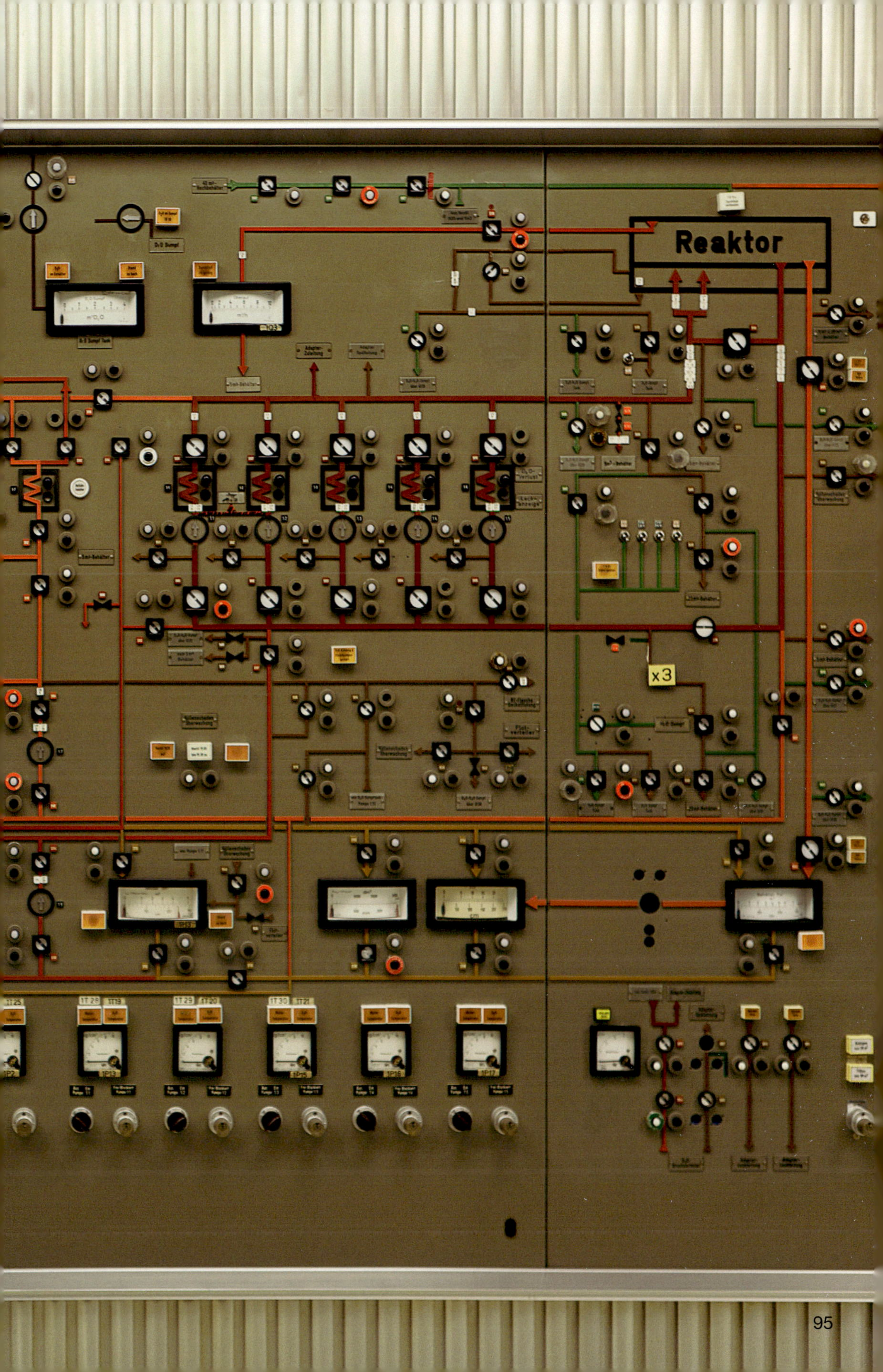
Reaktor
x3

Brennelemente
Hüllenschaden
SIEMENS

nologie der Urananreicherung verfügten.

VORHERIGE SEITEN

91 Kontrollmonitore
92 Hauptfahrpult der Leitwarte
94 Reaktorschalttafel
96 Fernschreiber von Siemens. Die Schalttafel im Hintergrund bildet die Anordnung der Brennelemente im Reaktorkern ab.

Der »Forschungsreaktor München« ging 1957 als erster Kernreaktor der Bundesrepublik in Betrieb. Er war der erste Reaktor, der im Rahmen des US-amerikanischen »Atoms For Peace«-Programmes nach Europa geliefert wurde. Die als sogenannter Schwimmbadreaktor konzipierte Neutronenquelle diente bis 2000 wissenschaftlichen Zwecken. Die Anlage steht unter Denkmalschutz.

FOLGENDE SEITEN

99 Steuerplatz der Tieftemperatur-Bestrahlungsanlage

100 Die aus ästhetischen Gründen gewählte Ellipsoid-Kuppelform der Reaktorhalle

Vigot
TTB

93
92
GAP SP 28

80
FG X 872

Reaktorkern u. Gitterplatte
POSITIONEN FÜR BESTRAHLUNG
UND ABLAGE VON KLAPPZELLEN
Bestrahlungsposition am Kern
im Kern
Ablage 1
Ablage 3

2

14 44
freitag
31

15 49 03

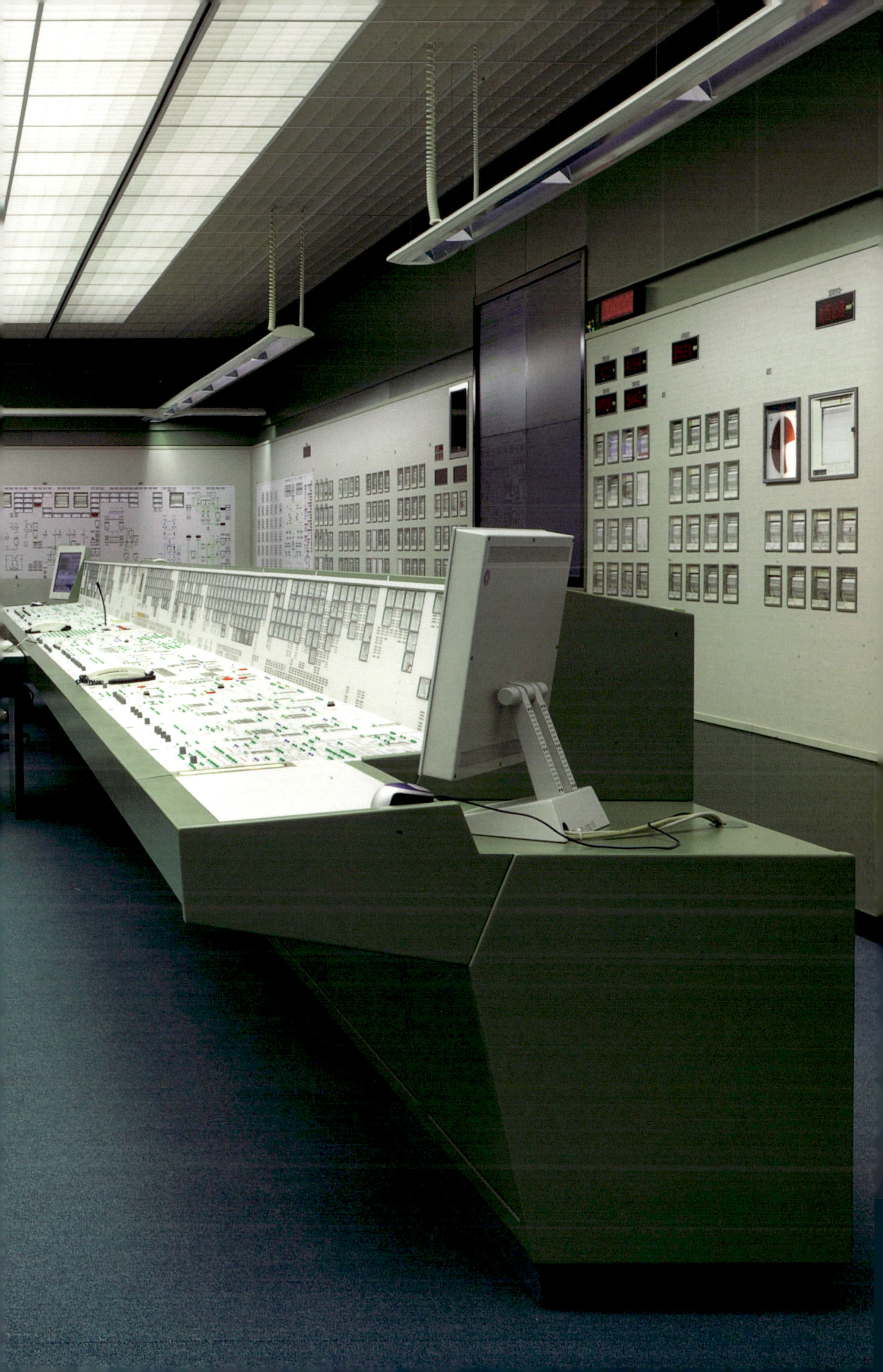

16 39
freitag
2 okt.

02 FRE OKT
15:23

JT
PUMA
STAFE
PEAK
DAS
100
PR
PERL
CUE
CUE
KBC
JDH

SIEMENS
KGB
KGB

Siede
abstand
°C
0
20
40
60
Siedeabstand
KMT
309.1
C
SIEMENS
1383
MW
SIEMENS
Brutto
Leistung
Druckhalter
Füllstand
10
8
6
4
2
DHF 2. max

Im Essener Ortsteil Kupferdreh betreiben die deutschen Energiekonzerne ein Simulatorzentrum zur Schulung des Personals ihrer Kernkraftwerke. Im Maßstab 1:1 befinden sich hier Simulatoren der Leitwarten fast aller deutschen Kernkraftwerke. Sie dienen den Operateuren als Ausbildungs- und Übungsstätte und entsprechen den originalen Kontrollräumen bis in kleinste Details.

VORHERIGE SEITEN

Leitstände der Kernkraftwerke ...

108 Brunsbüttel
110 Grohnde/Grafenrheinfeld
112 Philippsburg 1
114 Philippsburg 2
116 Neckarwestheim 2/Emsland
118, 120 Isar 1
122 Isar 2
124 Gundremmingen
126 Grohnde, Detail der Originalwarte

Der Umgang mit Störfällen und unklaren Situationen ist in deutschen Kernkraftwerken nach dem »30-Minuten-Kriterium« geregelt. Ein automatisches System namens »Reaktorschutz« regelt in dieser Zeit autark das Kraftwerk, um den Operateuren auf dem Leitstand zu ermöglichen, die Lage einzuschätzen, ohne schnelle Entscheidungen treffen zu müssen.
Die Steuerung und Kontrolle eines Kernkraftwerkes findet ausschließlich über Messinstrumente und Fernregelung statt. Die Vorgänge im Inneren des Reaktors bleiben für die Mannschaft unsichtbar.

FOLGENDE SEITEN

129 Notknopf zur Reaktorschnellabschaltung. Eine solche »RESA« unterbricht die nukleare Kettenreaktion abrupt. Was bleibt, ist das Problem Nachzerfallswärme, die auch danach weiterhin aus dem Reaktor abgeführt werden muss, um eine Kernschmelze zu vermeiden. Bereits Enrico Fermi hatte 1942 bei Inbetriebnahme des ersten Kernreaktors, des Chicago Pile, eine Schnellabschaltmöglichkeit vorgesehen – in Form eines »Safety Cut Rope Axe Man«. Die Abkürzung »SCRAM« ist seither für Notabschaltungen international gebräuchlich.

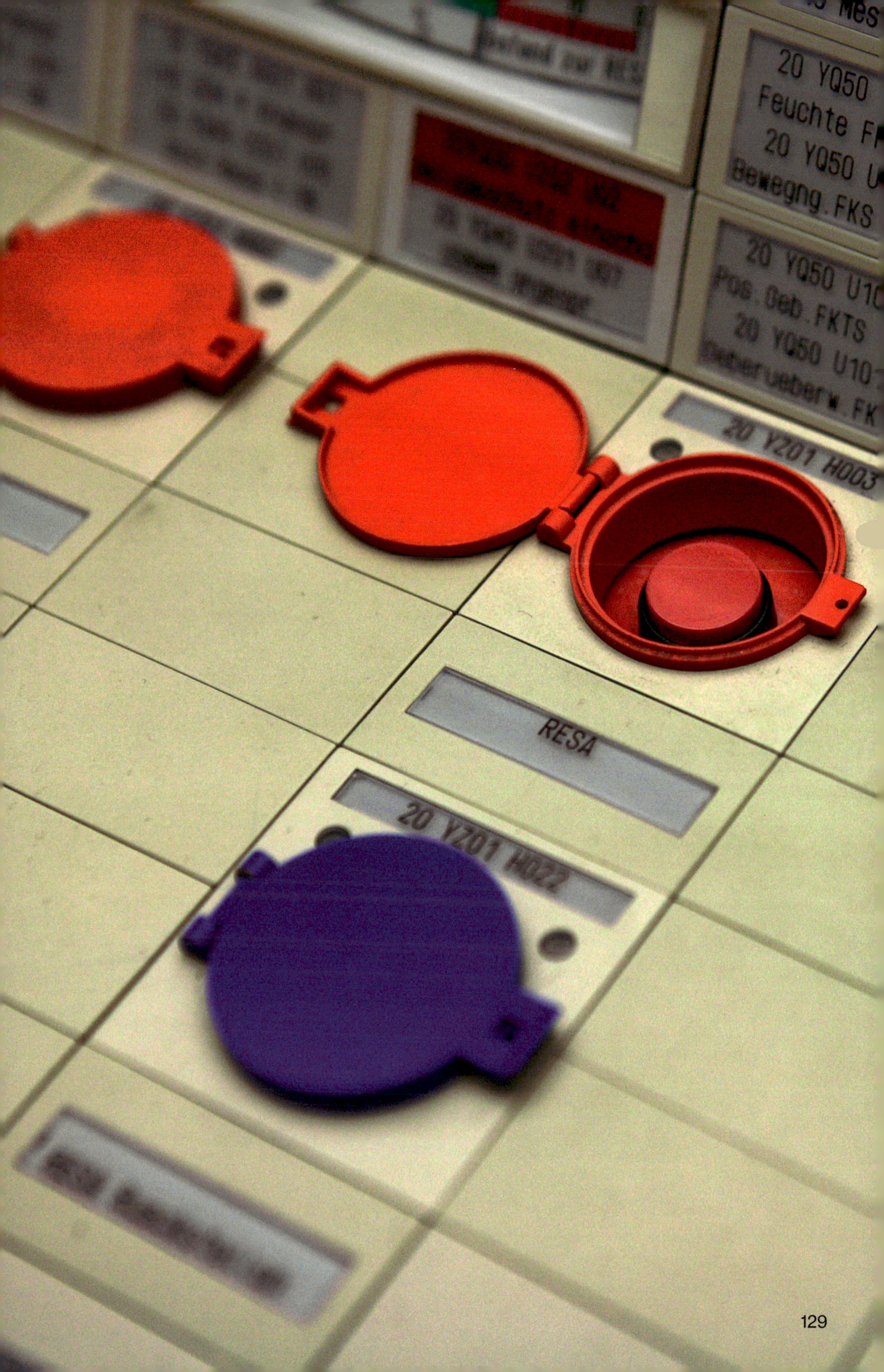
20 YQ50
Feuchte F
20 YQ50 U
Bewegng.FKS
20 YQ50 U10
Pos.Geb.FKTS
20 YQ50 U10
Geberueberw.FK
20 YZ01 H003
RESA
20 YZ01 H022

1325
16 11
STÖRMELDEN
SEITE 0
KGG B
01.10.09
15:50:53

SCHEIBE MB 1 2 3 4
1
2
3
4
TEST 2
TEST 3
MB 1 2 3 4

GRUPPE
KGG C
KOKA-WASSERTEMPERATUR
KOKA-WASSERTEMPERATUR
KOKA-WASSERTEMPERATUR
KOKA-WASSERTEMP GESPREIZTER BEREICH
FUELLSTAND KOKA
FUELLSTAND KOKA
FUELLSTAND KOKA: GESPREIZTER BEREICH

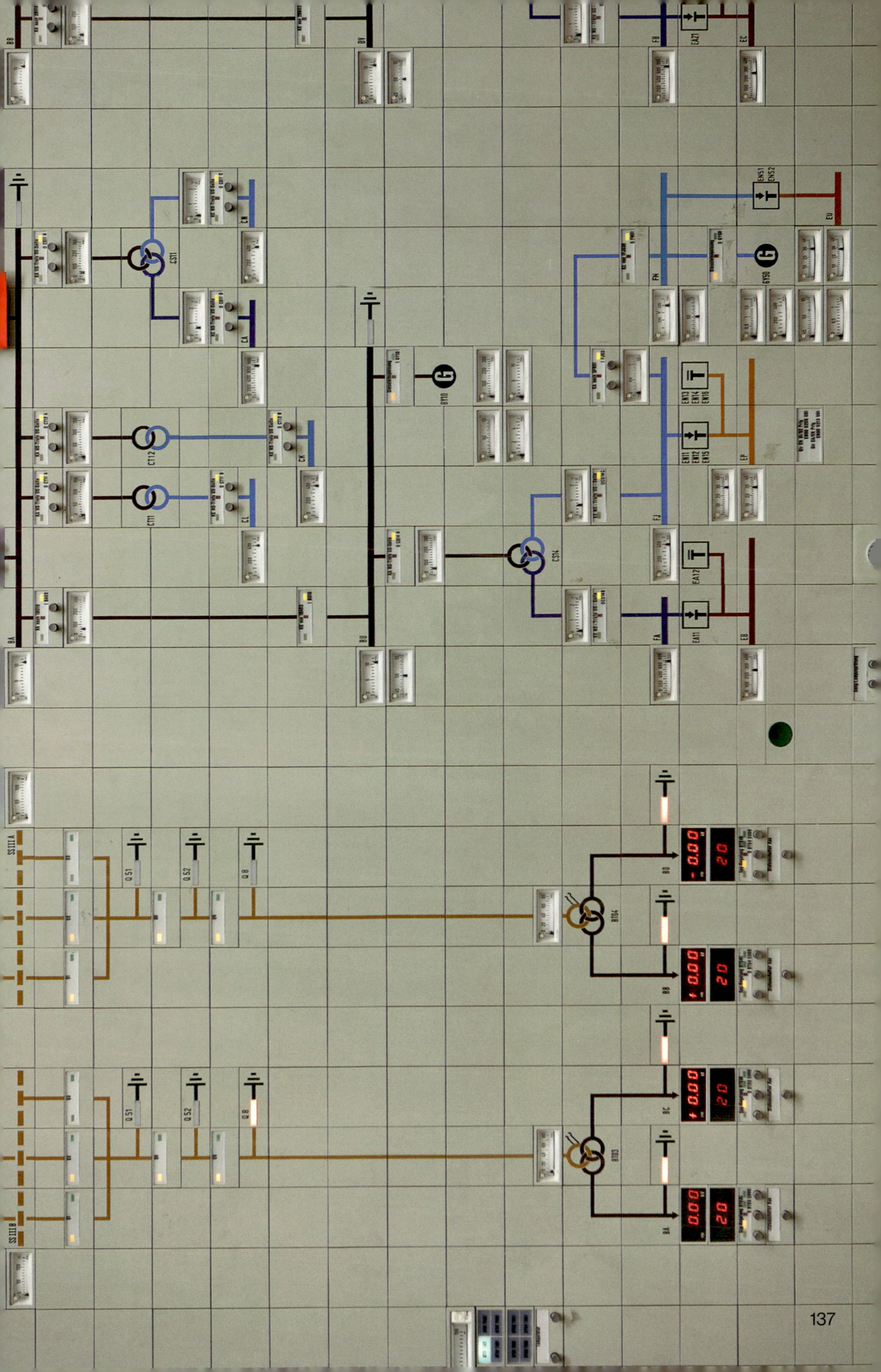

31 G - Tr - B1
32 Eigenbedarf G - Tr - B1
Generator 1
EG1
KT1A Überlast
ET1A Überlast
NT1A Überlast
RETA Überlast
BV1A Erdschluß
BV2A Erdschluß
BV3A Erdschluß
BV4A Erdschluß
Frequenz DG 1A
Grenzwerteinstellung
EG1-Korrektorstrom
EG1-Erregerstrom
Statikschalter DG1A

33 Eigenbedarf G - Tr - B2
34 G - Tr - B2
KT2A Überlast
ET2A Überlast
NT2A Überlast
RBLT Spannung fehlt
DG3A
DG2A
BV5A Erdschluß
BV6A Erdschluß
BV7A Erdschluß
BV8A Erdschluß
EG2
Mvar
MW
Hz
kV
BV5A
BET2-BV5A
BET2-15kV
BET2-BV7A
BV7A
BV6A
RV1A-BV6A
BET2-15kV
RV2A-BV7A
BV8A
DG2A-BV6A
DG3A-BV6A
NT2A-BV6A
ET2A-BV5A
KT2A-BV8A
DG2A-BV6A
DG3A-BV6A
NHV2A
HV2A
KHV3/4A
Stufenstellung BT2
Induktorspannung
RV2A-BV8A
Statikschalter DG2A
Statikschalter DG3A
EG2 Erregerstrom
EG2 Korrektorstrom

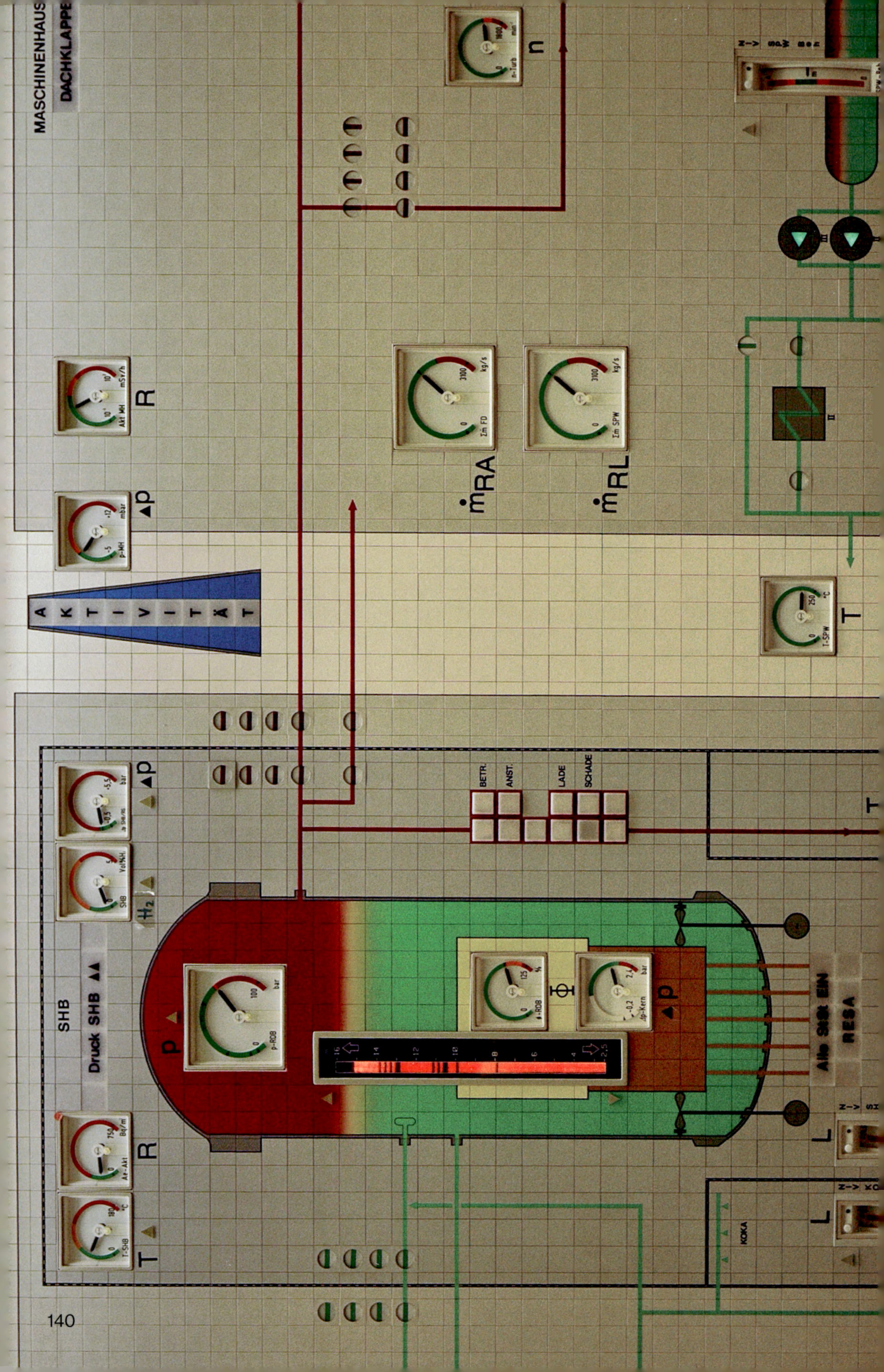
MASCHINENHAUS
DACHKLAPPE
AKTIVITÄT
SHB
Druck SHB
BETR.
ANST.
LADE
SCHADE
KOKA
RESA

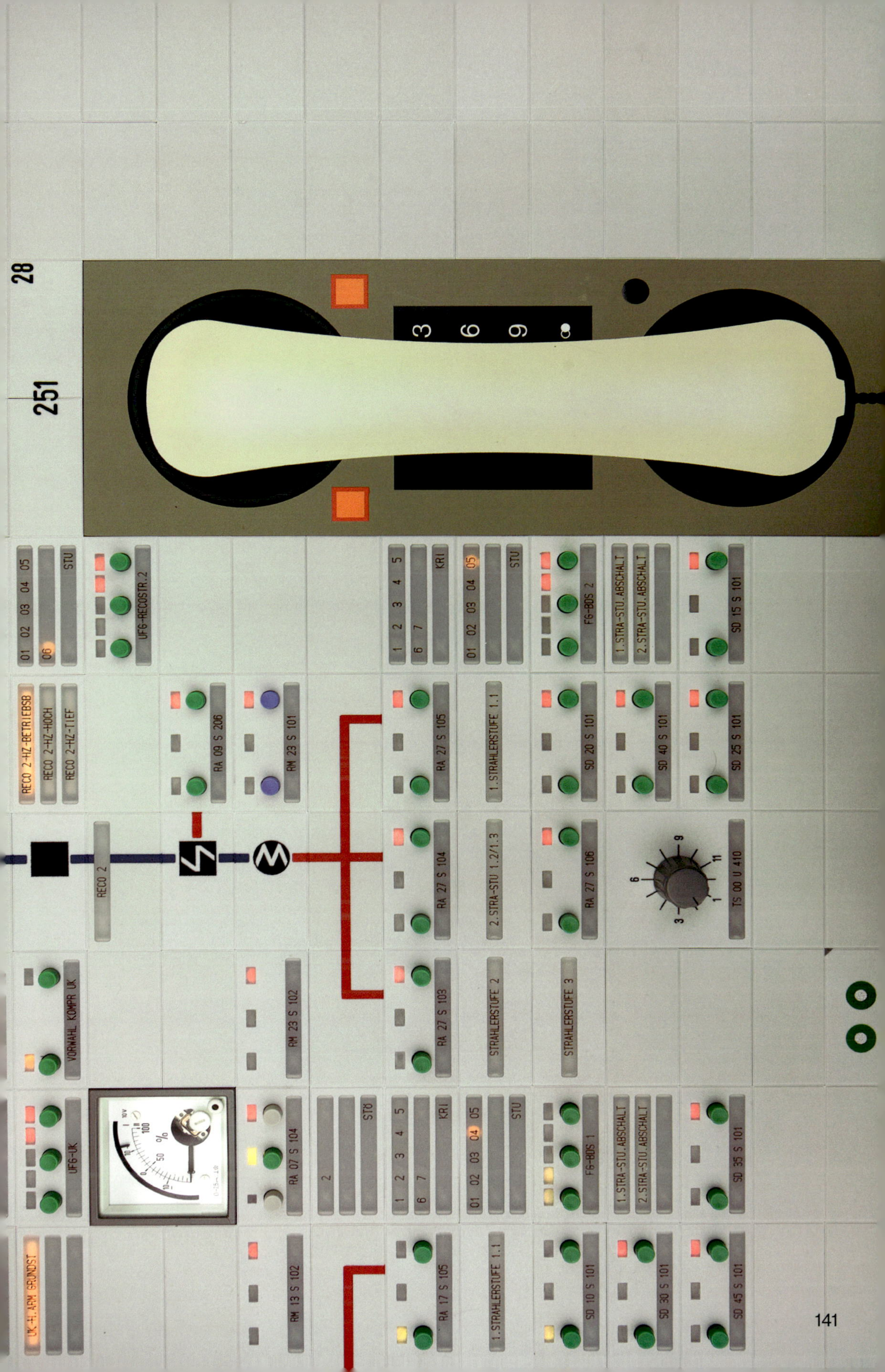
28
251
3
6
9
01 02 03 04 05
06
STU
UF6-RECOSTR. 2
RECO 2-HZ-BETRIEBSB
RECO 2-HZ-HOCH
RECO 2-HZ-TIEF
RA 09 S 206
RM 23 S 101
RECO 2
VORWAHL KOMPR UK
RM 23 S 102
UF6-UK
RA 07 S 104
UK-H.ARM GRUNDST.
RM 13 S 102
1 2 3 4 5
6 7
KRI
RA 27 S 105
RA 27 S 104
RA 27 S 103
RA 17 S 105
2
STÖ
1.STRAHLERSTUFE 1.1
2.STRA-STU 1.2/1.3
STRAHLERSTUFE 2
STRAHLERSTUFE 3
F6-BOS 2
F6-BOS 1
SD 20 S 101
RA 27 S 106
SD 10 S 101
1.STRA-STU.ABSCHALT
2.STRA-STU.ABSCHALT
SD 40 S 101
SD 30 S 101
TS 00 U 410
SD 15 S 101
SD 25 S 101
SD 35 S 101
SD 45 S 101

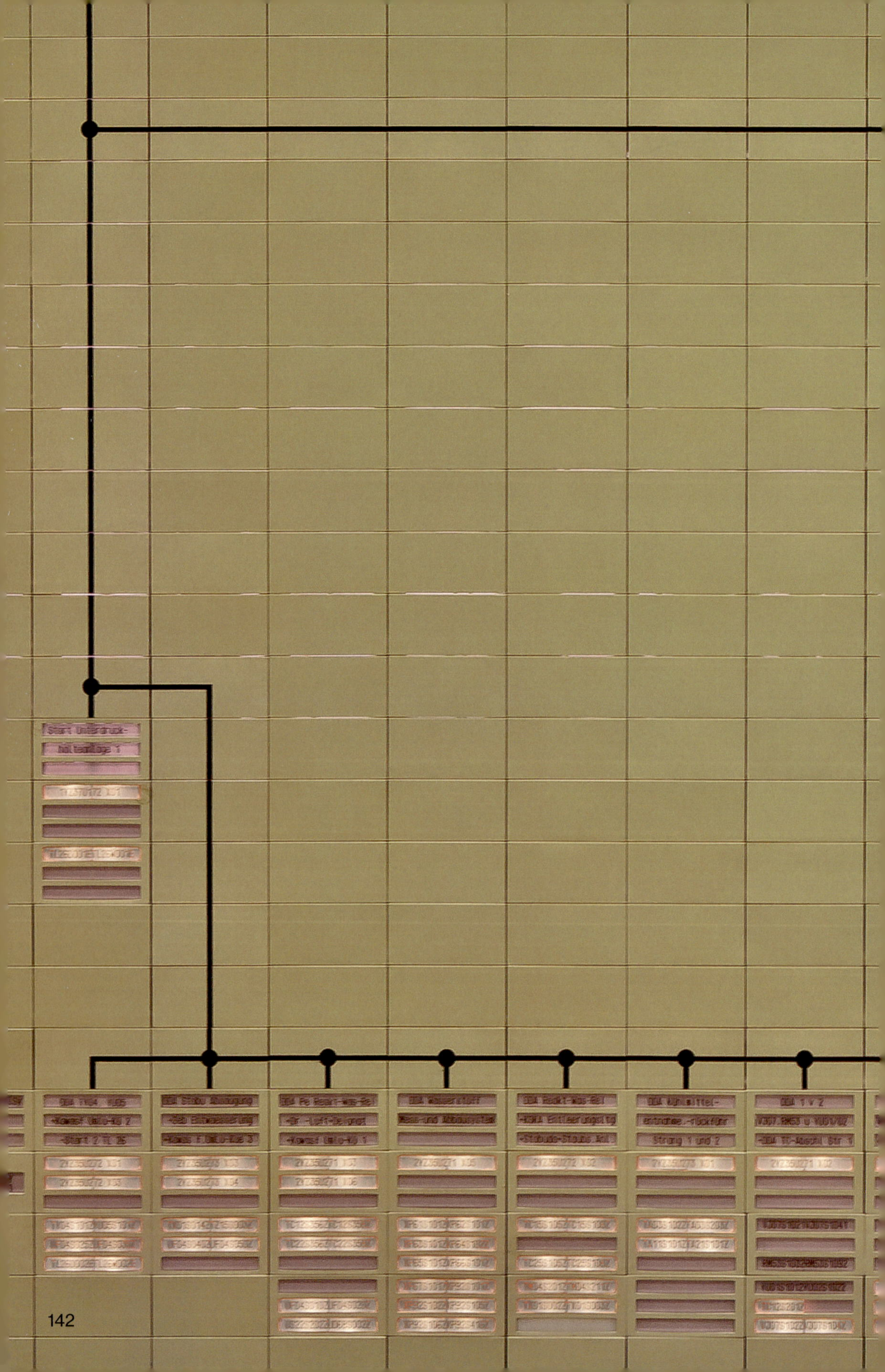

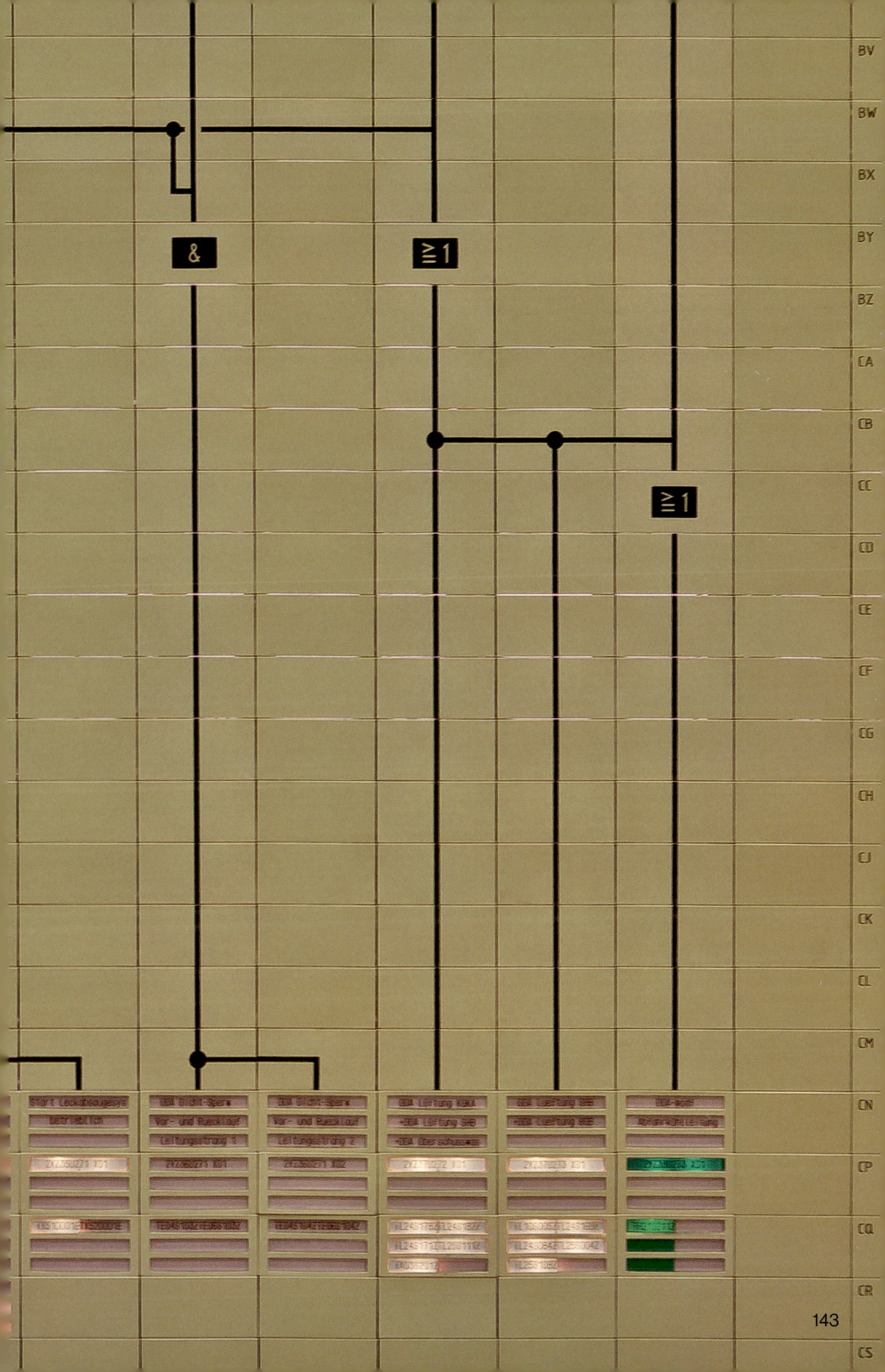
BV
BW
BX
BY
BZ
CA
CB
CC
CD
CE
CF
CG
CH
CJ
CK
CL
CM
CN
CP
CQ
CR
CS
&
≥1
≥1
Vor- und Ruecklauf
Vor- und Ruecklauf

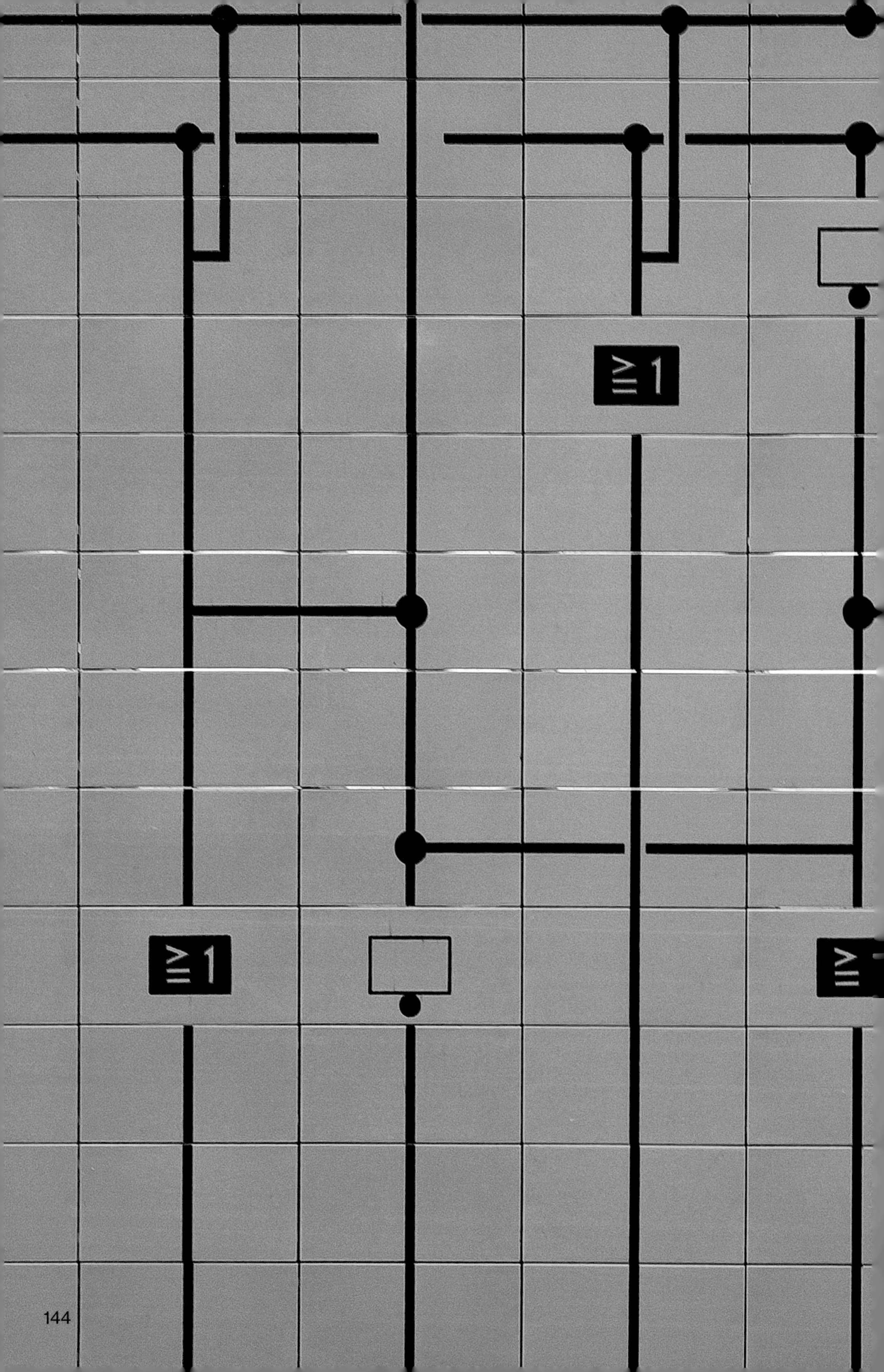
≥1
≥1

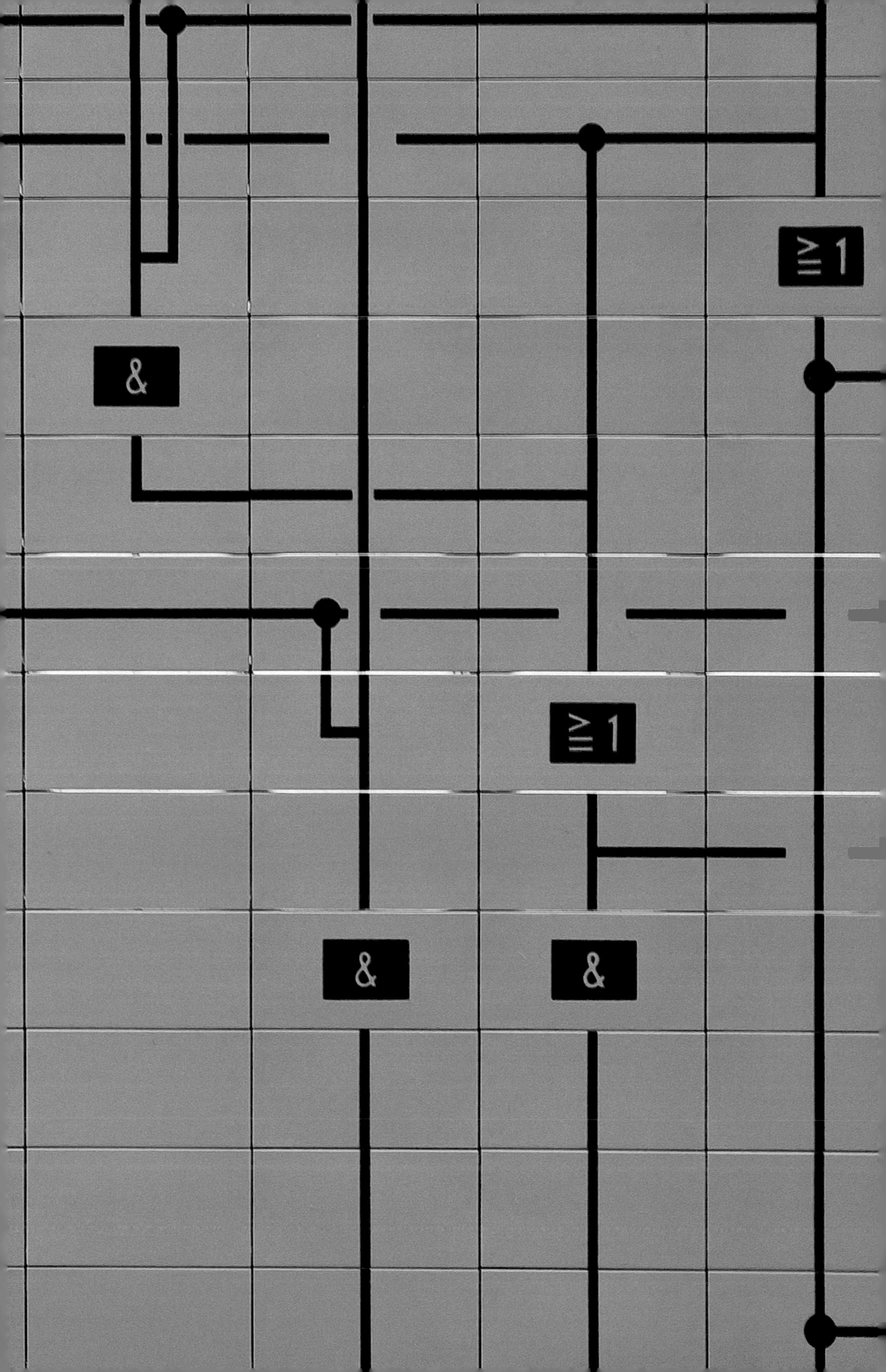

≥1
&
≥1
&
&

VORHERIGE SEITEN

Details aus den Leitwarten deutscher Kernkraftwerke:

136 Biblis, Simulator

137 Grohnde: Ein signalfarbener Zettel auf der Schalttafel zeigt an, dass ein Anlagenteil für Wartungsarbeiten außer Betrieb genommen wurde.

138 Lubmin/Greifswald: Kontrollinstrumente für den Generator und die Stromeinspeisung im Block 1 des 1974 in Betrieb genommenen Kernkraftwerks sowjetischen Typs.

140 Leitwarte Gundremmingen im Simulatorzentrum. Schematisch ist der Reaktordruckbehälter dargestellt.

141 Philippsburg 1, Simulator

142–145 »Reaktorschutztafel« der Gundremminger Warte. Die Linien veranschaulichen automatisch geregelte Entscheidungswege, die im Störfall eine Reaktorschnellabschaltung auslösen.

146 Die offene Verkabelung an den Schalttafel-Rückwänden ist über einen Korridor zugänglich, der um die Leitwarte herumführt.

BRANDSCHUTZTÜR
schließt bei Feuer
automatisch.
Verkeilen oder blockieren
streng verboten!

Achtung!
Dieser Raum dient im Notfall zur
Personenrettung
TÜREN nicht in Offenstellung blockieren
Keine Geräte oder Materialien abstellen

B
Abfälle

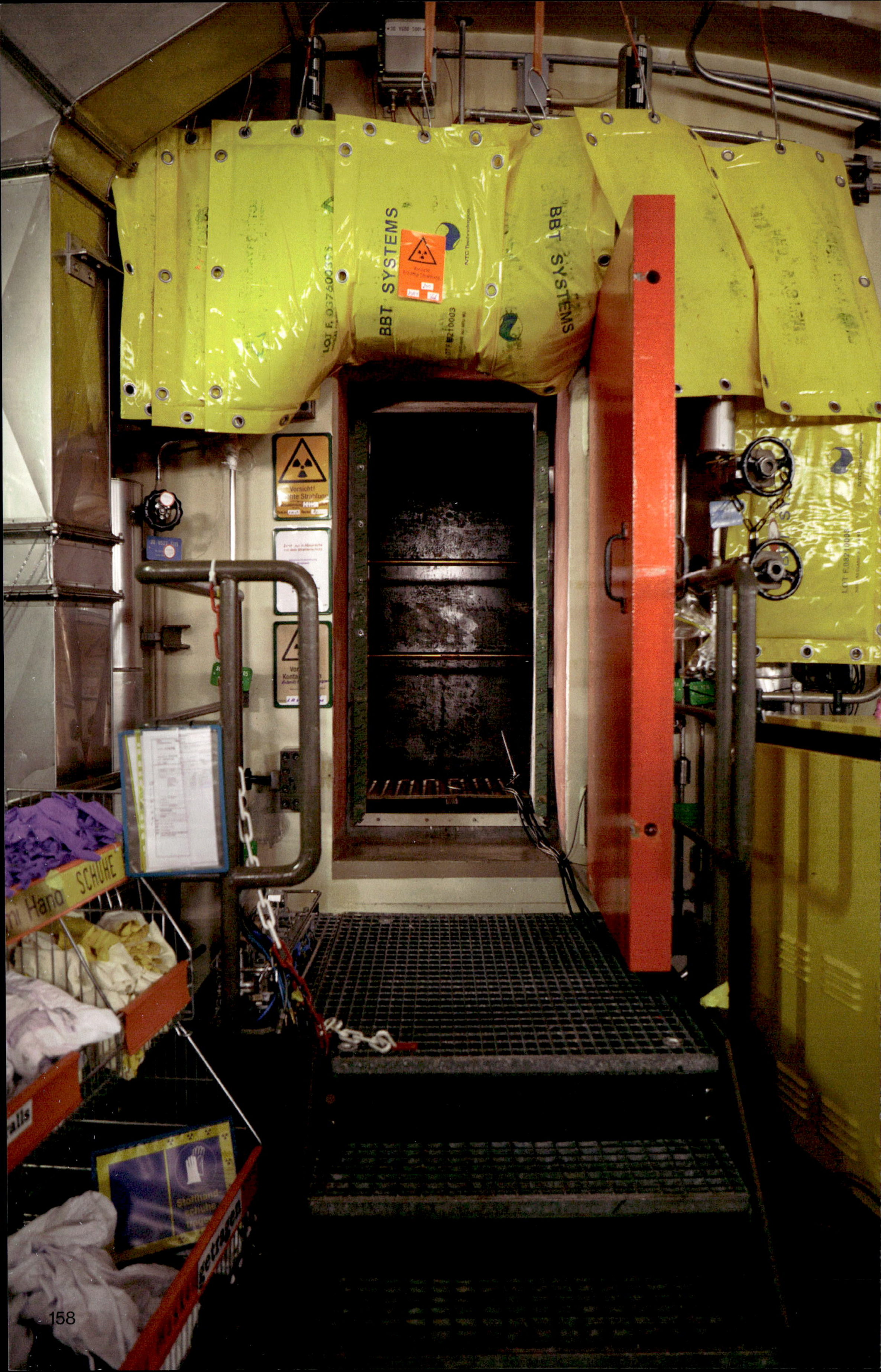
BBT SYSTEMS
BBT SYSTEMS
SCHUHE

Die Politik forderte für Kernkraftwerke im Verlauf der Jahrzehnte immer aufwendigere Sicherheitstechnik, mit dem Ziel, bei allen denkbaren Betriebsstörungen das Austreten von Radioaktivität in größeren Mengen zu verhindern. Extrem unwahrscheinliche Ereignisse können allerdings die Sicherheitsauslegungen der Kernkraftwerke überschreiten. Sie stellen das sogenannte Restrisiko dar.

VORHERIGE SEITEN

149 Brandschutz- und Sicherheitstür im Leitwartengebäude des Kernkraftwerks Grohnde. Die massive Tür wird maschinell per Druckluft bewegt.

150 Verbindungsgang zwischen Leitwartengebäude und Maschinenhaus, Grohnde.

152, 153 Zum Schutz vor Erdbeben ist der innere Reaktorblock in Gundremmingen schwingend aufgehängt; der sogenannte Ringspalt trennt ihn vom restlichen Gebäude. Typisch für Räume im Kontrollbereich sind glatte Oberflächen, von denen Kontaminationen leichter abgewaschen werden können. Rechts unten: Einmann-Notfalldruckschleuse an der Reaktorhalle in Grohnde.

154, 155 Treppenhaus und Materialschacht im Reaktorblock C von Gundremmingen.

156 Zugang zum Reaktor in Grohnde. Die Druckschleuse verschließt den inneren Bereich des Kraftwerks, der ständig im Unterdruck gehalten wird, um ein etwaiges Ausströmen

157 Reaktorhalle im Kernkraftwerk Grohnde. Der Raum unterhalb der typischen Betonkuppel wird im Regelbetrieb nur für Kontrollgänge betreten. Ein roter Punkt markiert eine Position für Castor-Behälter, wenn sie auf ihrem Weg ins Zwischenlager aus dem Reaktorgebäude ausgeschleust werden müssen.

158 Öffnung im »biologischen Schild« im Block C von Gundremmingen, hinter der sich der stählerne Reaktordruckbehälter befindet, wo die nukleare Kettenreaktion gewaltige Energiemengen freisetzt. Zur Abschirmung der Gamma- und Neutronenstrahlung umschließt ein Mantel aus Barytbeton mit einer Wandstärke von einem Meter das Druckgefäß. Der stählerne Zylinder wird durch die intensive Neutronenstrahlung aus der Kernspaltung selbst radioaktiv. Auch vom abgeschalteten Reaktor geht eine beträchtliche Radioaktivität aus – »es pfeift«, wie es im Kernkraftjargon heißt. Das Bild zeigt die gelben Elemente, die zur Abschirmung dieser Reststrahlung bei den Wartungs- und

In Österreich verhinderte 1977 eine Volksabstimmung den Eintritt in die nukleare Energiewirtschaft. Gegenstand der Abstimmung war das bereits betriebsfertige Kernkraftwerk Zwentendorf, das somit nicht in Betrieb gehen konnte. Der damalige Geschäftsführer nahm sich danach das Leben. Bis zum Super-GAU in Tschernobyl wurde die Anlage betriebsbereit gehalten, danach wurden alle Pläne für einen Betrieb aufgegeben und sie verwaiste. Später wurde der Reaktor zum Schulungsobjekt für deutsches Kraftwerkspersonal, da er typgleich mit einer Reihe von Kernkraftwerken der deutschen »Kraftwerk Union« war. Für diese diente er auch als Ersatzteillager für nicht mehr hergestellte Anlagenteile.

FOLGENDE SEITEN

161 Ein kugelförmiger Stahlbehälter mit einem Durchmesser von 26 Metern umschließt als »Containment« den Reaktor in Zwentendorf. Dieser Sicherheitsbehälter kann bei Störfällen so verschlossen werden, dass freigesetzte Stoffe bis zu einem bestimmten Innendruck eingeschlossen bleiben.

162 Die sogenannte Montageöffnung im Containment ist normalerweise verschlossen. Die Luke wird nur für den Austausch größerer Anlagenteile geöffnet. Im Innern des Sicherheitsbehälters beginnt eine Etage tiefer die Betonummantelung des Reaktors, die als biologischer Schild bezeichnet wird.

164 Im Reaktorherz: In dem stählernen Druckbehälter erzeugt die Kernspaltung unter Freisetzung tödlicher Strahlung eine Temperatur von mehreren hundert Grad. Eine Gitterstruktur fasst Brennelementkassetten, Steuerstäbe und Absorberstäbe.

165 Das stählerne Druckgefäß soll möglichst wenige Schweißnähte haben, da es durch permanenten Neutronenbeschuss versprödet und durch Druck und Hitze großen Belastungen ausgesetzt ist.

166 Deutsches Kraftwerkspersonal führt in Zwentendorf »Trockenübungen« durch: Ingenieure trainieren die Millimeterarbeit des Be- und Entladens von Brennelementen in einem Bereich, in dem sich normalerweise tief unter Wasser der hochradioaktive Brennstoff befindet.

168 Blick nach oben: Über dem offenen Reaktor fährt die Brennelementwechselmaschine mit ihrem Teleskoparm.

170 »Kondensationskammer«: Während des Betriebs ist dieser Gebäudeteil mit über zwei Millionen Litern Wasser geflutet, das im Störfall zur Notkühlung und Druckentlastung eingesetzt wird. Kontrollfahrten erfolgen hier per Schlauchboot. Im Bild der »Hausmeister« des Kraftwerks, Johann Fleischer. Der ehemalige Zuckerbäcker, Fernfahrer und Kernkraft-Autodidakt war über viele Jahre der einzige Angestellte in der brachliegenden Anlage mit ihren über tausend Räumen. Seit 2005 betreut er die Schulungen der Kerntechniker und wickelt Verkäufe von technischen Anlagenteilen ab.

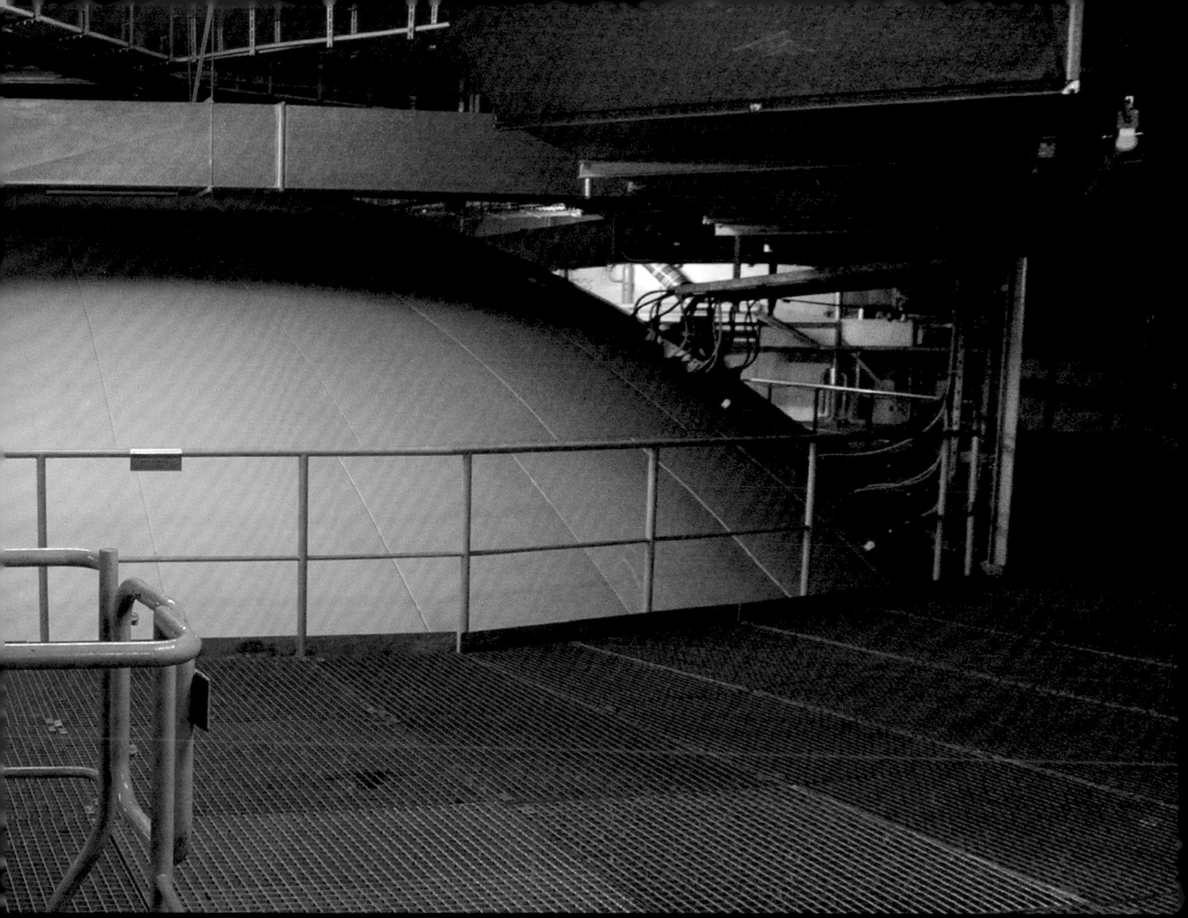

TH 14

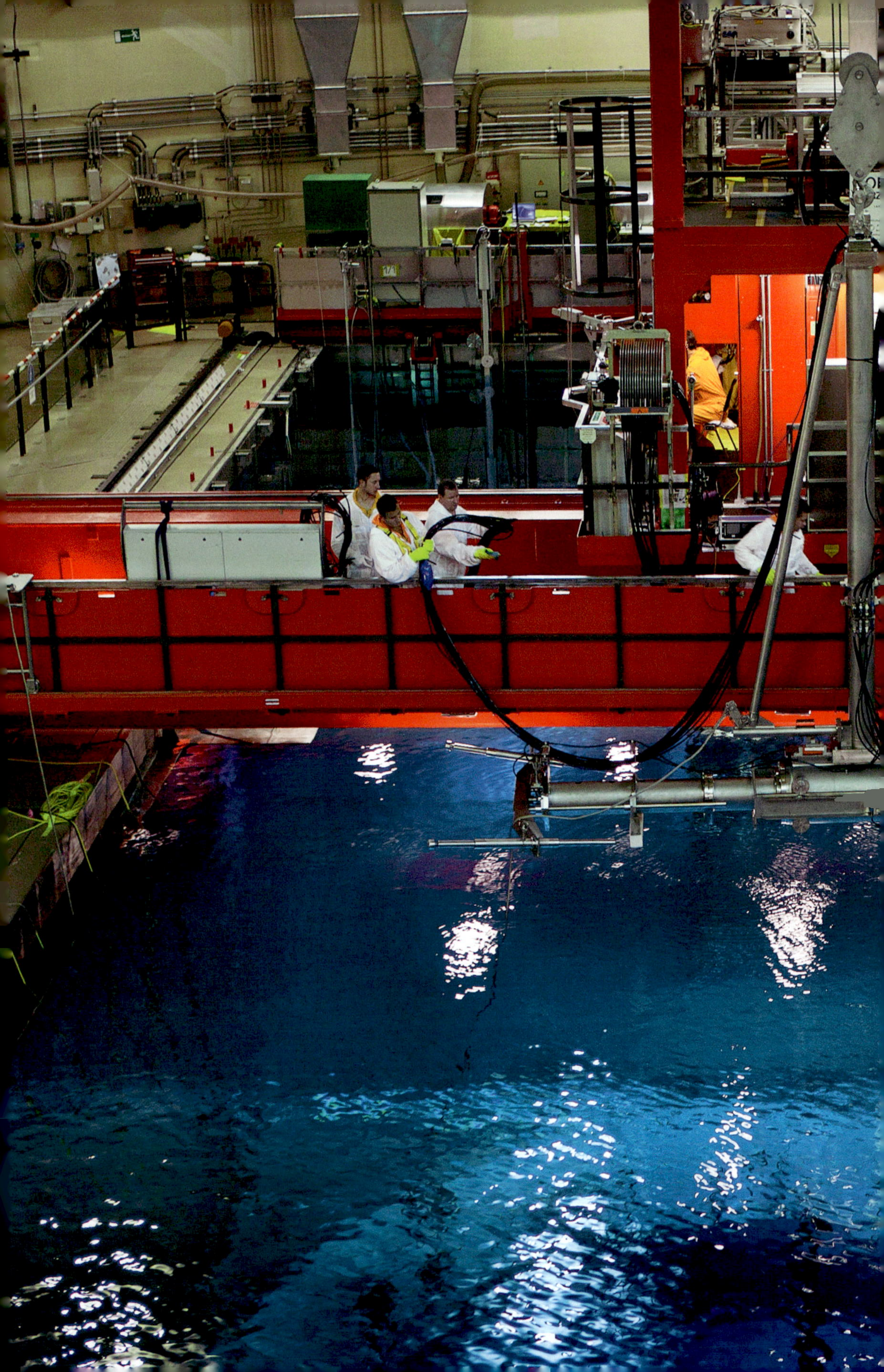

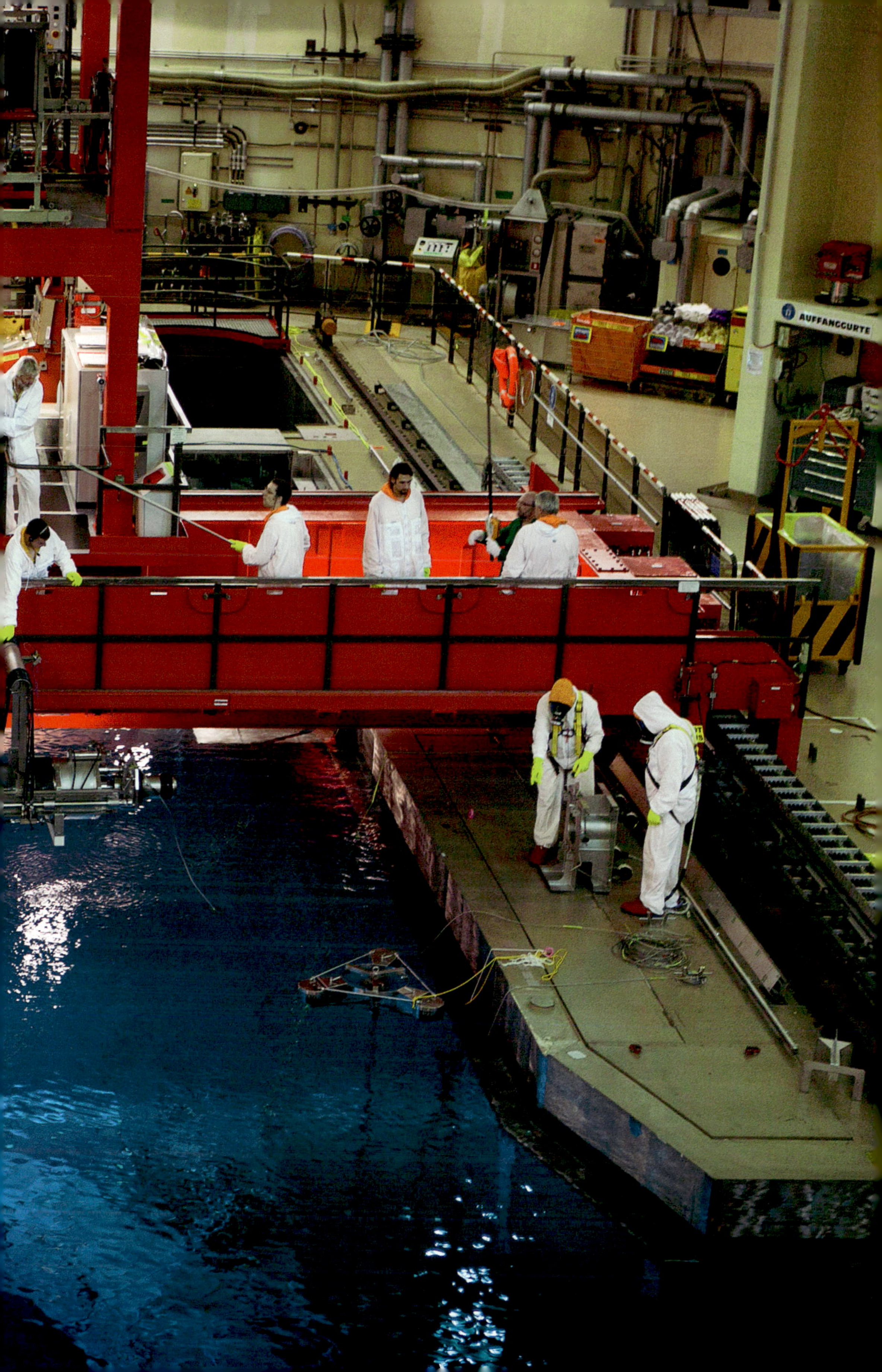
AUFFANGGURTE

YU 70
RA 41
RL 45
YU 80

YU 10
RA 11
RL 15

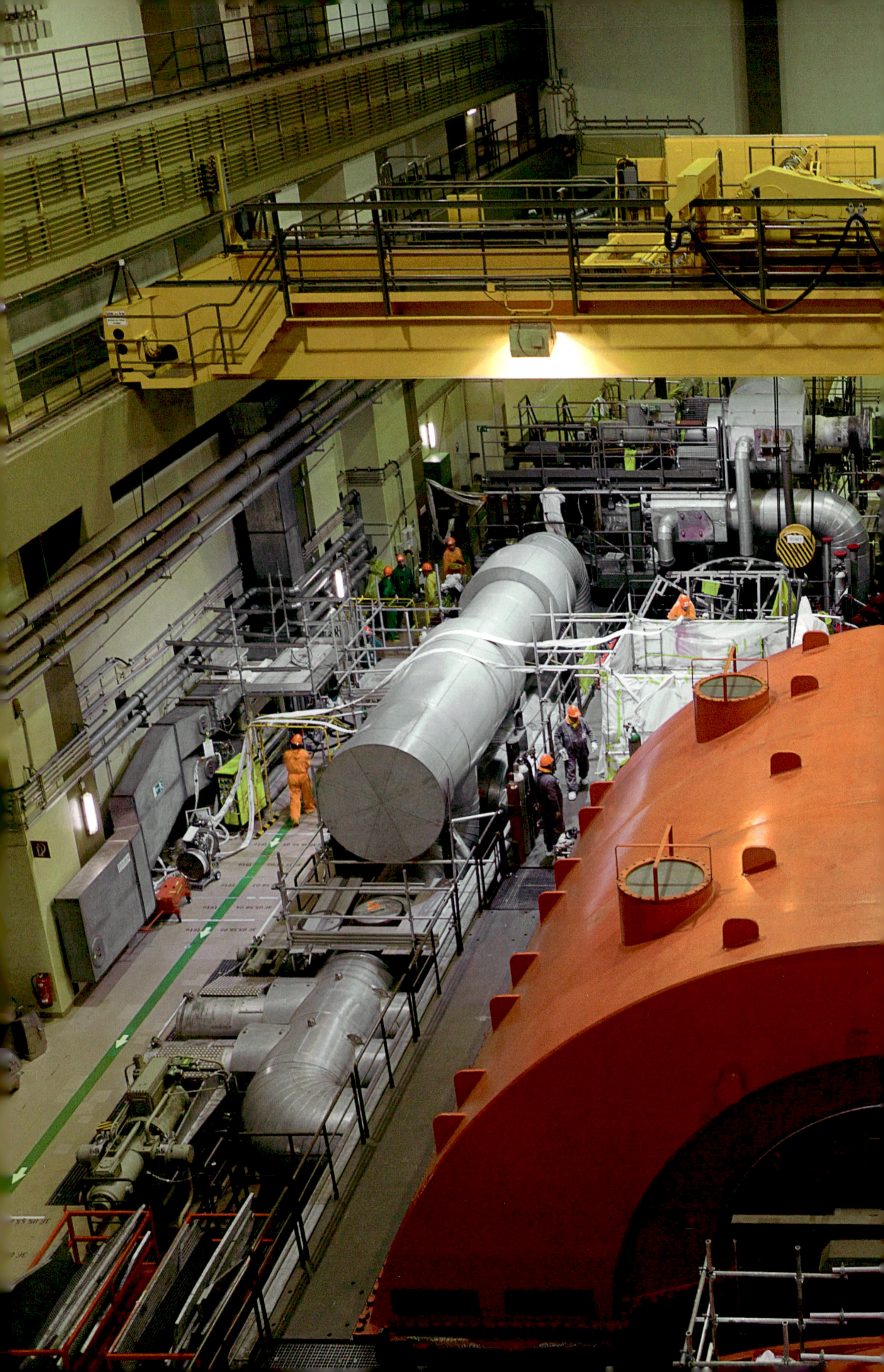

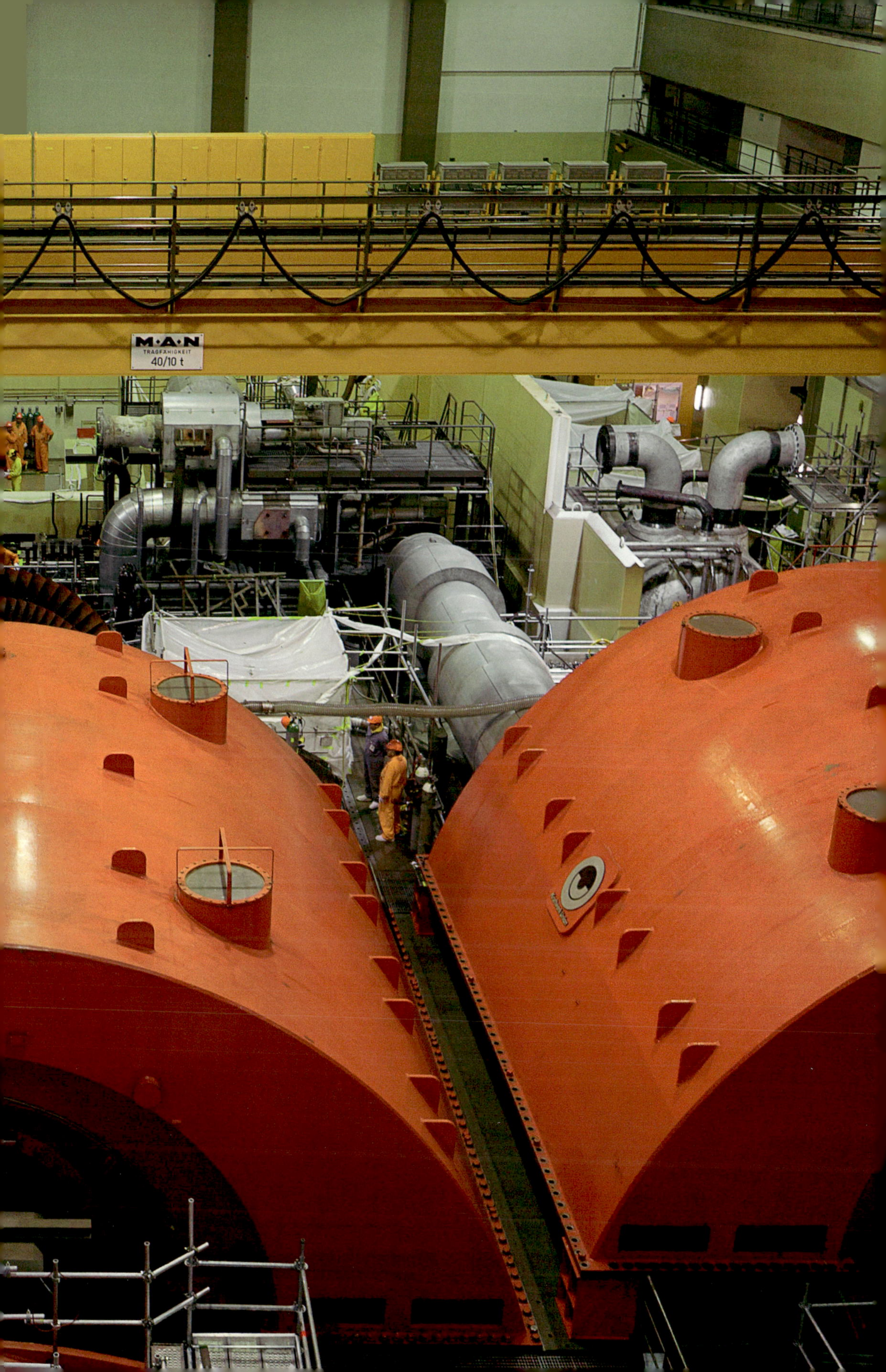
M·A·N
TRAGFÄHIGKEIT
40/10 t

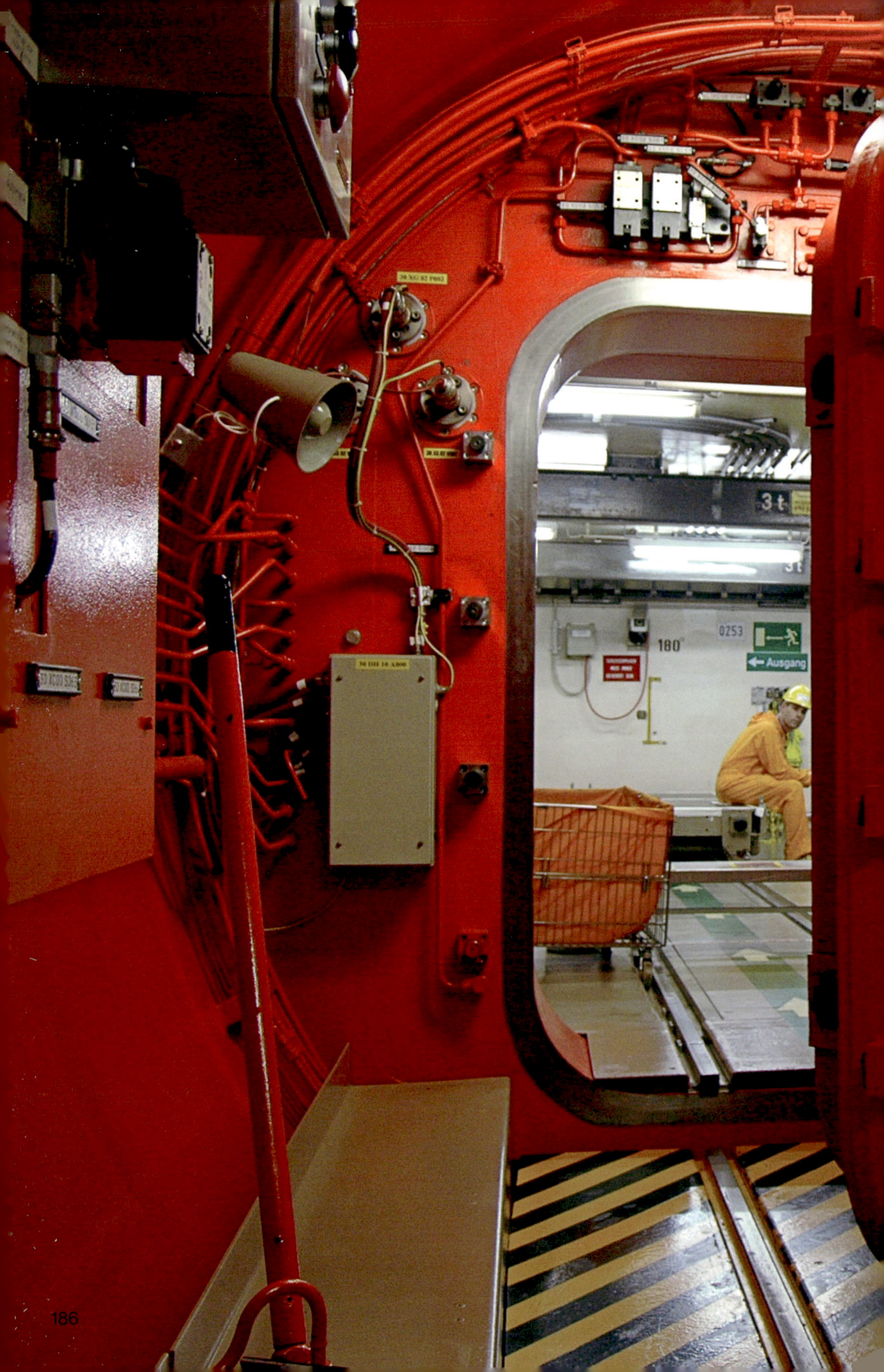
3 t
3t
0253
180°
Ausgang

SIEMENS
Alarmanlage

Bei der Revision eines Kernkraftwerks wie hier in Gundremmingen werden verbrauchte Brennelemente ausgetauscht, Verschleißteile erneuert und Überprüfungen auf Materialermüdung durchgeführt. Ein Großteil der Anlage muss dabei vollständig auseinandergenommen und später wieder akribisch zusammengesetzt werden. Für Arbeiten in radioaktiven Bereichen, etwa an geöffneten Kraftwerkskomponenten, sind spezielle Schutzmaßnahmen für die Arbeiter notwendig. Ihr gesetzlich tolerierter Grenzwert für zusätzliche Strahleneinwirkung liegt zwanzigmal höher als bei Normalbürgern.

VORHERIGE SEITEN

173 Geöffneter Reaktor beim Brennelementwechsel. Gut 20 Meter unter Wasser befindet sich der Kern des Reaktors. Seine rund 700 senkrecht eingesetzten Brennelemente bestehen aus jeweils knapp 100 Brennstäben. Sie sind gut vier Meter lang.

174 Das Reaktorbecken ist über eine Schleuse mit dem Abklingbecken verbunden, in dem der verbrauchte Nuklearbrennstoff mindestens fünf Jahre unter ständiger Kühlung gelagert werden muss. Erst dann ist die Nachzerfallswärme so weit zurückgegangen, dass die Brennstäbe in einen Castor-Behälter verladen werden können. Frisch ausgewechselte Brennelemente haben eine extrem starke Radioaktivität, die unter Wasser als blaues Leuchten sichtbar wird – das sogenannte Tscherenkow-Licht. Die Strahlung, die diese Erscheinung auslöst, durchdringt auch feste Materialien wie Stahl.

175 Um die Kontaminationsgefahr durch radioaktive Partikel zu vermindern, werden Oberflächen ständig von »Dekontern«, also Reinigungskräften zum Entfernen von Radioaktivität, geputzt. Unten: Durch ein Spezialfenster im Abklingbecken werden verbrauchte Brennelemente und -kassetten auf Schäden inspiziert.

176 Die Innenwand des Reaktordruckgefäßes wird ferngesteuert mit einem Spezialgerät überprüft. In extremen Fällen müssen Taucher im Wasserbecken eingesetzt werden.

178 Wasser absorbiert Strahlung fast völlig. So kann trotz der extremen Strahlung der Brennelemente im Reaktor- und Abklingbecken direkt darüber ohne Vollschutzanzüge gearbeitet werden. Andererseits befinden sich radioaktive Partikel im Reaktorwasser. Strahlenschützer überwachen mit Messlanzen die radioaktive Belastung durch solche Kontaminationen an Gerätschaften, die in Kontakt mit dem Reaktorwasser waren. Bei näherem Kontakt sind Atemschutzmasken erforderlich.

180 Reaktorhalle während der Revision: Vor dem Brennelementwechsel wird zunächst das Reaktorbecken (linke Bildhälfte) geflutet, um eine Handhabung stark strahlender Teile unter Wasser zu ermöglichen. So kann das darunter liegende Reaktordruckgefäß geöffnet werden. Große Anlagenteile müssen am Beckenrand abgelegt und gestapelt werden – etwa der große Deckel des Druckgefäßes in der Bildmitte. Er ist durch Neutronenbeschuss selbst radioaktiv und kann erst einige Tage nach Abschaltung ausgebaut werden. Ein längerer Aufenthalt in seiner Nähe ist zu vermeiden.

182, 184 Bei Siedewasserreaktoren wie in Gundremmingen gehört auch das Maschinenhaus zum Kontrollbereich. Radioaktiver Dampf wird aus dem Reaktor direkt auf die Turbine geleitet, um den Stromgenerator anzutreiben. Hierdurch sind viele Maschinenteile kontaminiert. Während der Revision müssen geöffnete Leitungen verklebt und bestimmte Bereiche mit Planen abgedeckt werden, um eine Gefährdung der Arbeitskräfte zu vermeiden. Die Hochdruckturbine ist entfernt; Arbeiter in Schutzkleidung sind im und am leeren Gehäuse tätig.

186 Druckschleuse für Mensch und Material. Während der Revision ist hier einer von mehreren Punkten, an denen zum Schutz vor Kontamination zusätzliche Schutzhandschuhe und -überschuhe angelegt werden müssen. Sie werden beim Verlassen der jeweiligen Zone entsorgt.

188 Innerhalb der massiven Betonmauern eines Kernkraftwerks funktioniert meist kein Mobilfunk. Das System von Lautsprecherdurchsagen und Telefonapparaten wird bis heute fortgeführt.

3

Kernkraftwerke werden wegen ihres großen Kühlbedarfs fast immer an Gewässern errichtet, in der alten Bundesrepublik durchweg an Flüssen. Allein an der Elbe um Hamburg reihen sich vier Reaktoren: Brunsbüttel, Brokdorf, Stade, Krümmel. Die Kraftwerke Unterweser, Grohnde und Würgassen liegen an der Weser, Lingen und Emsland an der Ems, Hamm-Uentrop an der Lippe. Am Rhein wurden die Doppelblockanlagen Philippsburg und Biblis sowie Mülheim-Kärlich und der schnelle Brüter Kalkar errichtet, am Main Grafenrheinfeld und am Neckar Obrigheim sowie Neckarwestheim mit zwei Reaktoren. Bei Ohu stehen die Reaktoren Isar 1 und 2. An der Donau installierten die deutschen Kraftwerksbauer drei Reaktorblöcke in Gundremmingen sowie einen in Zwentendorf in Niederösterreich.

VORHERIGE SEITEN

192 Über die Abluftkamine von Kernkraftwerken entweicht nicht etwa Rauch, sondern die gefilterte Abluft aus den radioaktiven Kontrollbereichen. Radioaktive Edelgase und Aerosole lassen sich über Verzögerungsstrecken aufgrund kurzer Halbwertszeiten minimieren, aber nicht komplett zurückhalten. So geben die Kraftwerke kontinuierlich geringe Radioaktivität über die Abluft und das Abwasser ab. Der Kamin des brachliegenden Kernkraftwerks Zwentendorf an der Donau kam nie zum Einsatz.

194 Während der Landkreis Günzburg vom Kernkraftwerk Gundremmingen finanziell profitiert, bleibt dem in Hauptwindrichtung angrenzenden Kreis Dillingen nur die Abluft der Anlage. Die Kinder der umliegenden Donaugemeinden nennen das Kraftwerk auch »Wolkenfabrik«. Die jeweilige Dampfsäule über den Kühltürmen gibt Auskunft darüber, welcher Reaktor in Betrieb ist.

196 Biblis wurde wie fast alle deutschen Kernkraftwerke durch die von Siemens und AEG gegründete »Kraftwerk Union« errichtet und ging Mitte der 1970er Jahre mit dem damals leistungsstärksten Druckwasserreaktor der Welt in Betrieb. Bald schon zog es aufgrund vermeintlicher Sicherheitsmängel massive Kritik von Atomkraftgegnern auf sich. Von den Kernkraftbetreibern wurde die Anlage erbittert verteidigt.

198 Aus Rücksicht gegenüber den ansässigen Weinbauern wurde beim württembergischen Kernkraftwerk Neckarwestheim auf hohe Kühltürme verzichtet und stattdessen eine niedrige Variante mit allerdings sehr hohem Eigenenergieverbrauch errichtet. Das Kraftwerksgelände kann sogar zu Fuß durchquert werden: Ein altes Wegerecht erlaubt jedem freien Durchgang, der am Fluss entlang von Neckarwestheim nach Gemmrigheim möchte.

200 Das Grundstück für das Kernkraftwerk Grohnde erwarben die Betreiber Anfang der 1970er Jahre von der örtlichen Klosterkammer. Die Fläche lag günstig an der Weser und die zugehörige Gemeinde Emmerthal war dem Bau eines Kernkraftwerks wohlgesonnen. Allerdings kam es in den folgenden Jahren am Bauplatz mit der »Schlacht um Grohnde« zu den bis dahin gewalttätigsten Auseinandersetzungen im Zusammenhang mit der Anti-Atomkraft-Bewegung.

202 Mülheim-Kärlich am Rhein speiste nur 100 Tage lang Energie ins Stromnetz. Dann musste das Kernkraftwerk aufgrund eines Gerichtsbeschlusses 1988 abgeschaltet werden: Man hatte ohne neue Baugenehmigung das Kraftwerk um 70 Meter versetzt, um das Erdbebenrisiko im Neuweiler Rheinbecken zu verringern. Der Bau des großen Druckwasserreaktors vom Harrisburg-Typ kostete sieben Milliarden Mark. Er wurde von der Deutschen Babcock und der schweizerischen Brown Boveri (später fusioniert zu ABB) ausgeführt. Ungeachtet der kurzen Betriebsdauer muss die nuklear belastete Anlage aufwendig zurückgebaut werden. Der 2004 begonnene Abriss wird sich über viele Jahre erstrecken und rund eine Milliarde Euro verschlingen.

204 Blick auf das Weserbergland aus einem der wenigen Fenster im Reaktorgebäude des Kernkraftwerks Grohnde.

Sperrbereich
Kein Zutritt
Sperrbereich
Kein Zutritt
Kontamination

SCHACHT
B. / M.

17Y065
104 832

Endlager für radioaktive Abfälle Morsleben

2009
BfS

0009
KGG

Kontrollbereich
Vorsicht Strahlung
Gefahrengruppe III
Identifizierung
bitte warten

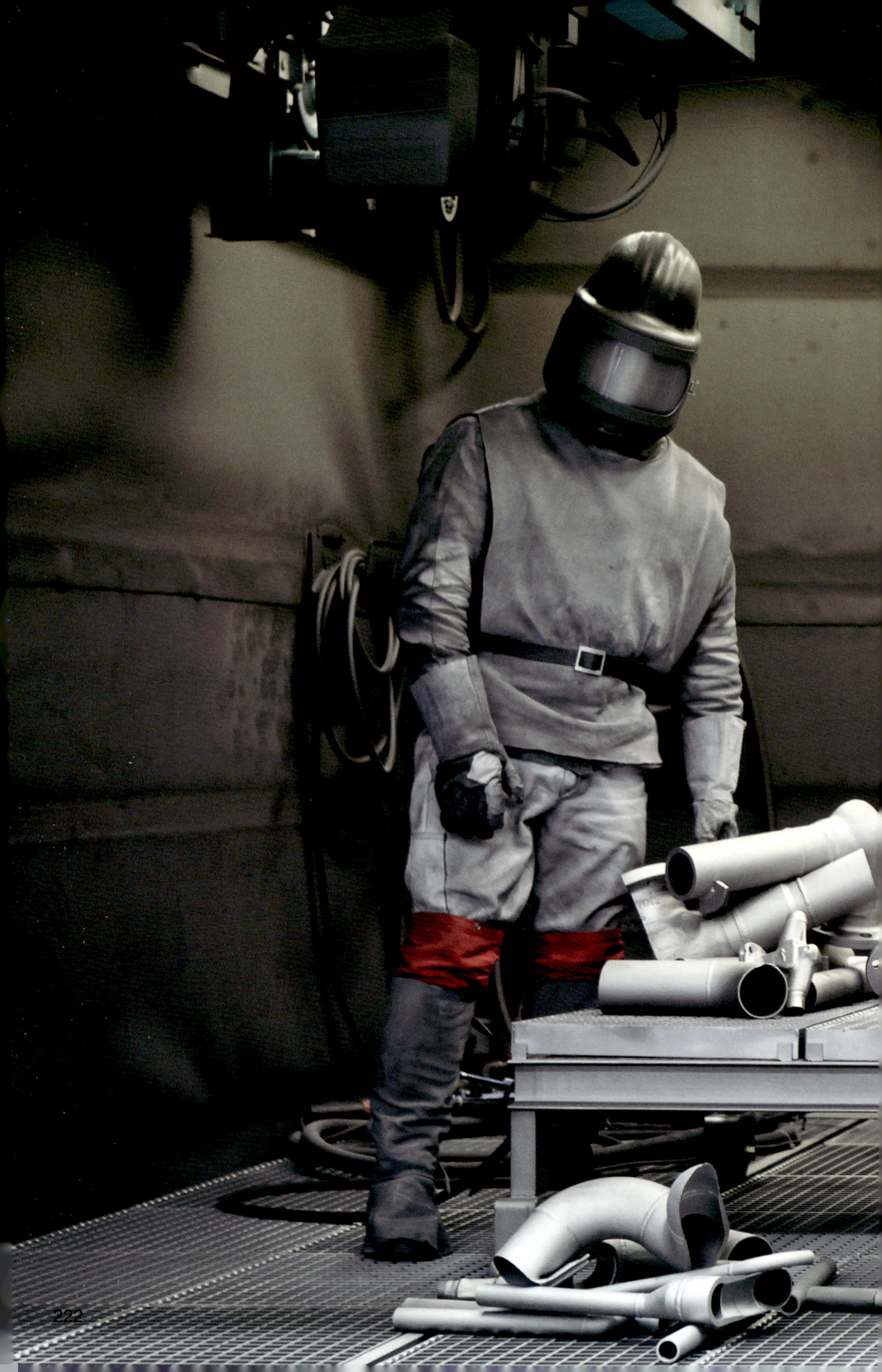

Vorsicht!
Phosphorsäu

PRIMO
800
MP
594

Für hochradioaktiven Abfall gibt es weltweit bisher nur temporäre, oberflächennahe Lagerstätten. Solche Zwischenlager befinden sich in Deutschland in Gorleben, Greifswald und Ahaus. Zusätzlich müssen Kernkraftwerke auf ihrem Gelände ein Zwischenlager haben, nachdem die Betreiber aufgrund der Beendigung der Wiederaufarbeitung im Ausland von der Bundesregierung 2002 hierzu verpflichtet wurden. Morsleben in Sachsen-Anhalt ist eine Endlagerstätte für schwach- und mittelaktiven Abfall. 1978 begann man in dem ehemaligen Salzbergwerk mit der Einlagerung von Atommüll aus den ostdeutschen Kernkraftwerken Rheinsberg und Greifswald. Nach der Wende wurden große Abfallmengen aus westdeutschen Meilern hierher gebracht. Mit dem Ende der Einlagerungen 1998 begannen die für mehrere Jahrzehnte geplanten Verschlussmaßnahmen, die eine Langzeitsicherheit für das Endlager garantieren sollen.

VORHERIGE SEITEN

207 Endlager Morsleben: Zugang zur stillgelegten Station zur Verfüllung von Flüssigabfall wie etwa kontaminierten Abwässern aus Reaktoren oder Reinigungsprozessen. Die Flüssigkeiten werden zur Lagerung zu Beton vermischt, der in Fässern aushärtet.

208 Das labyrinthische Stollensystem der Morslebener Schächte »Bartensleben« und »Marie« verläuft entlang der ehemaligen innerdeutschen Grenze. Normalerweise herrscht hier absolute Stille.

210 Auch 500 Meter unter Tage muss der Atommüll verwaltet werden. In einer Kontroll- und Messstation sind die Blumen aus Plastik.

212 Unter den offenliegenden Dreierreihen aus Atommüllfässern befinden sich weitere Schichten von Behältern, die bereits mit Salz und Asche bedeckt sind. Um die radioaktiven Fässer vor herabfallenden Gesteinsbrocken zu schützen, sind die Decken mit Netzen gesichert.

214 Lagerstation für abgebrannte Brennelementkugeln im Hochtemperaturreaktor in Hamm-Uentrop. Der Kugelhaufenreaktor wurde nur für kurze Zeit betrieben. 1997 überführte man ihn für 30 Jahre in den »sicheren Einschluss«, da man damals mangels Erfahrung, fehlender Lagerkapazitäten und hoher Kosten einen Rückbau scheute. Die über 600 000 Kugeln mit atomarem Brennstoff wurden ins Zwischenlager Ahaus abtransportiert. Im versiegelten Reaktor werden die Reste von zwei- bis dreitausend radioaktiven Brennstoffkugeln vermutet. Zwei verbliebene Mitarbeiter überwachen das Abklingen der stillgelegten Anlage, die die öffentliche Hand jährlich mehrere Millionen Euro kostet.

216 Zwischenlager für hochradioaktiven Abfall, Gundremmingen: Beim Betreten wie beim Verlassen der Castor-Halle mit den abgebrannten Brennelementen des Kraftwerks muss man sich einer Ganzkörperstrahlenmessung unterziehen.

218 1990 wurde bei Ahaus ein Zwischenlager für hochradioaktiven Abfall fertiggestellt. Es verfügt über zwei große Hallen, die jedoch überwiegend leer sind. Von den 370 Stellplätzen für Castoren aus deutschen Kernkraftwerken sind nur sechs belegt; eine weitere Einlagerung ist nicht zu erwarten. Grund ist ein zeitweiliger und ab 2005 endgültiger Transportstopp für solche Stoffe. Neben den blauen Castoren lagern in Ahaus in gelben Behältern die Brennstoffkugeln aus Hamm-Uentrop.

>

220 Das »Zwischenlager Nord« auf dem alten Areal des Kernkraftwerks Lubmin bei Greifswald betreibt mittlerweile ein einträgliches Geschäft mit der Zwischenlagerung großer Reaktorteile aus deutschen Atomkraftwerken, die im Rückbau sind. Reaktordruckbehälter und Dampferzeuger werden hier für rund fünfzig Jahre aufgebahrt, um ihre Eigenstrahlung abklingen zu lassen. Durch Neutronenstrahlung werden Teile um den Reaktorkern selbst radioaktiv.

222 In der »zentralen aktiven Werkstatt« werden zur Reduzierung der großen Mengen radioaktiven Schrotts beim Kraftwerksrückbau verschiedene Verfahren zur Dekontaminierung angewandt. Meist geht es darum, die radioaktiven Verunreinigungen von Materialoberflächen zu beseitigen. Dies geschieht etwa – im Vollschutzanzug zum Schutz vor radioaktiven Partikeln – mittels Sandstrahl, ...

224 ... oder im Säurebadverfahren.

226 Die Freimessanlage im seit 1995 im Abriss befindlichen Kernkraftwerk Greifswald ist das Nadelöhr des Rückbaus. Nur das, was hier als kontaminationsfrei gemessen wird, kann das ehemalige Kernkraftwerk als konventioneller Schrott verlassen, der Rest ist Atommüll. Viele Teile müssen vor der Dekontaminierung zerkleinert werden, damit sie am Ende die Freimessung durchlaufen können.

228 Dekontamination mit dem Hochdruck-Wasserstrahl. Die meisten der Verfahren müssen in geschlossenen Containern durchgeführt werden.

230 Spind mit Stiefeln für das Arbeiten mit dem Hochdruckstrahl

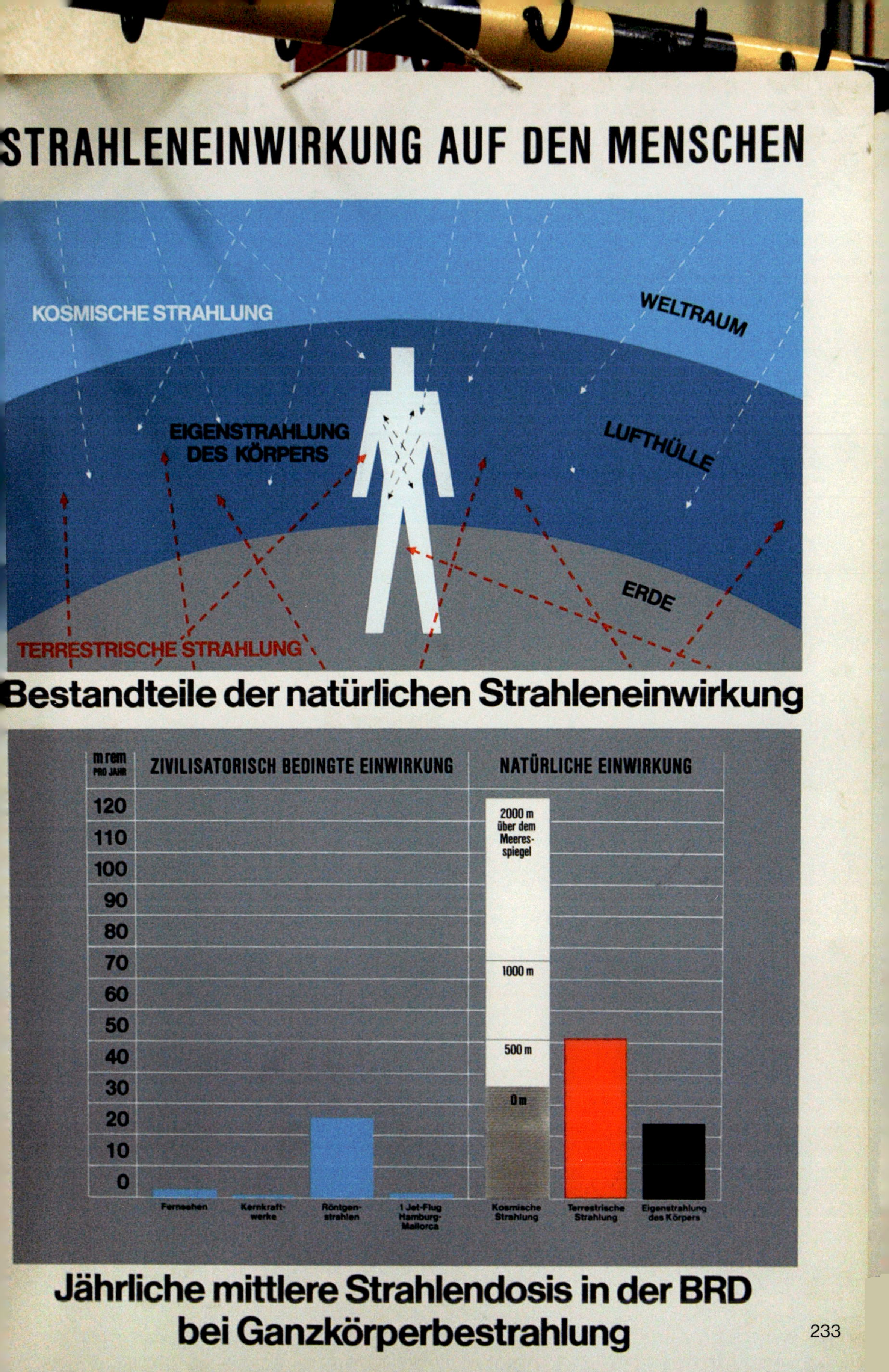
STRAHLENEINWIRKUNG AUF DEN MENSCHEN
KOSMISCHE STRAHLUNG
WELTRAUM
EIGENSTRAHLUNG DES KÖRPERS
LUFTHÜLLE
ERDE
TERRESTRISCHE STRAHLUNG
Bestandteile der natürlichen Strahleneinwirkung
m rem PRO JAHR
ZIVILISATORISCH BEDINGTE EINWIRKUNG
NATÜRLICHE EINWIRKUNG
120
110
100
90
80
70
60
50
40
30
20
10
0
2000 m über dem Meeres-spiegel
1000 m
500 m
0 m
Fernsehen
Kernkraft-werke
Röntgen-strahlen
1 Jet-Flug Hamburg-Mallorca
Kosmische Strahlung
Terrestrische Strahlung
Eigenstrahlung des Körpers
Jährliche mittlere Strahlendosis in der BRD bei Ganzkörperbestrahlung

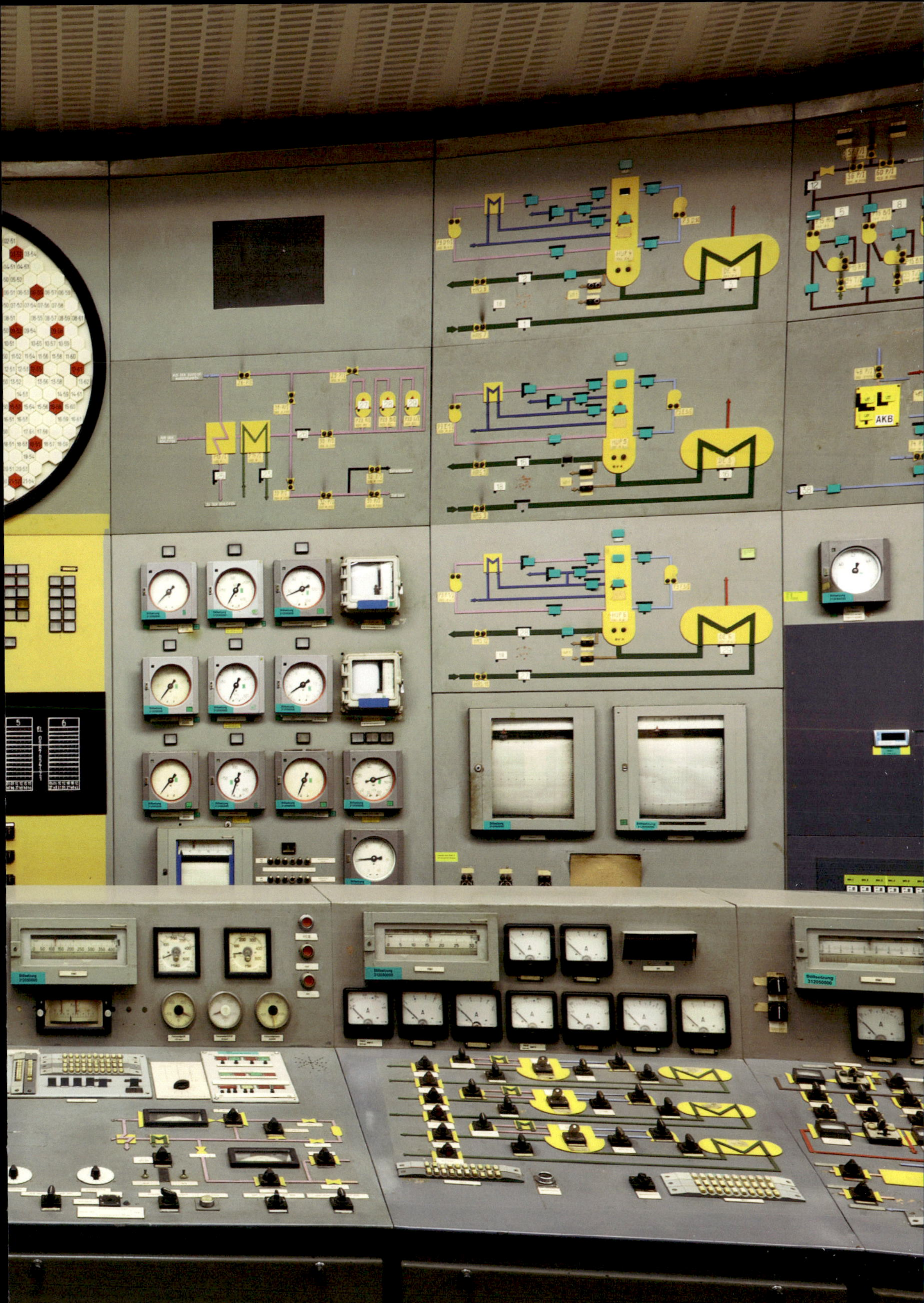
AKB

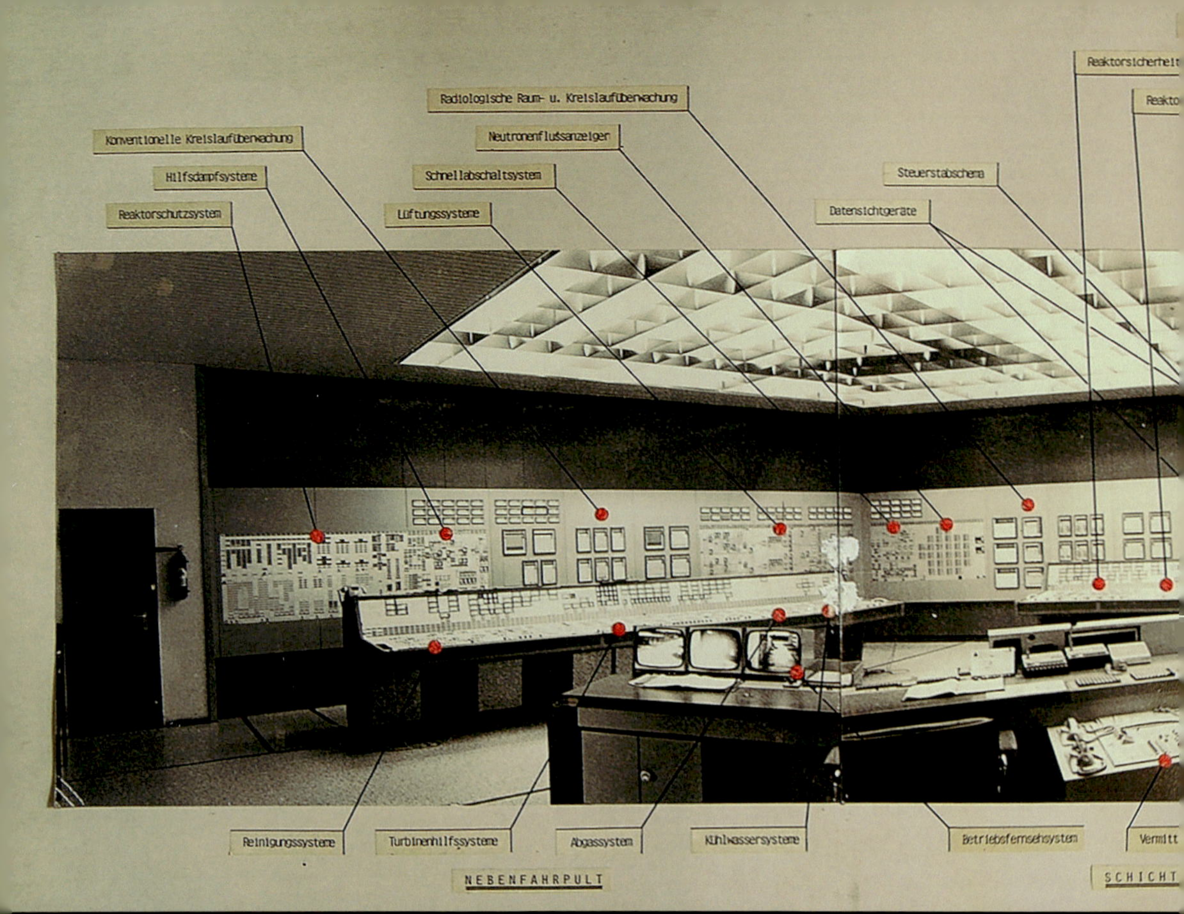
Reaktorsicherheit
Reakto
Radiologische Raum- u. Kreislaufüberwachung
Konventionelle Kreislaufüberwachung
Neutronenflußanzeigen
Hilfsdampfsysteme
Schnellabschaltsystem
Steuerstabschema
Reaktorschutzsystem
Lüftungssysteme
Datensichtgeräte
Reinigungssysteme
Turbinenhilfssysteme
Abgassystem
Kühlwassersysteme
Betriebsfernsehsystem
Vermitt
NEBENFAHRPULT
SCHICHT

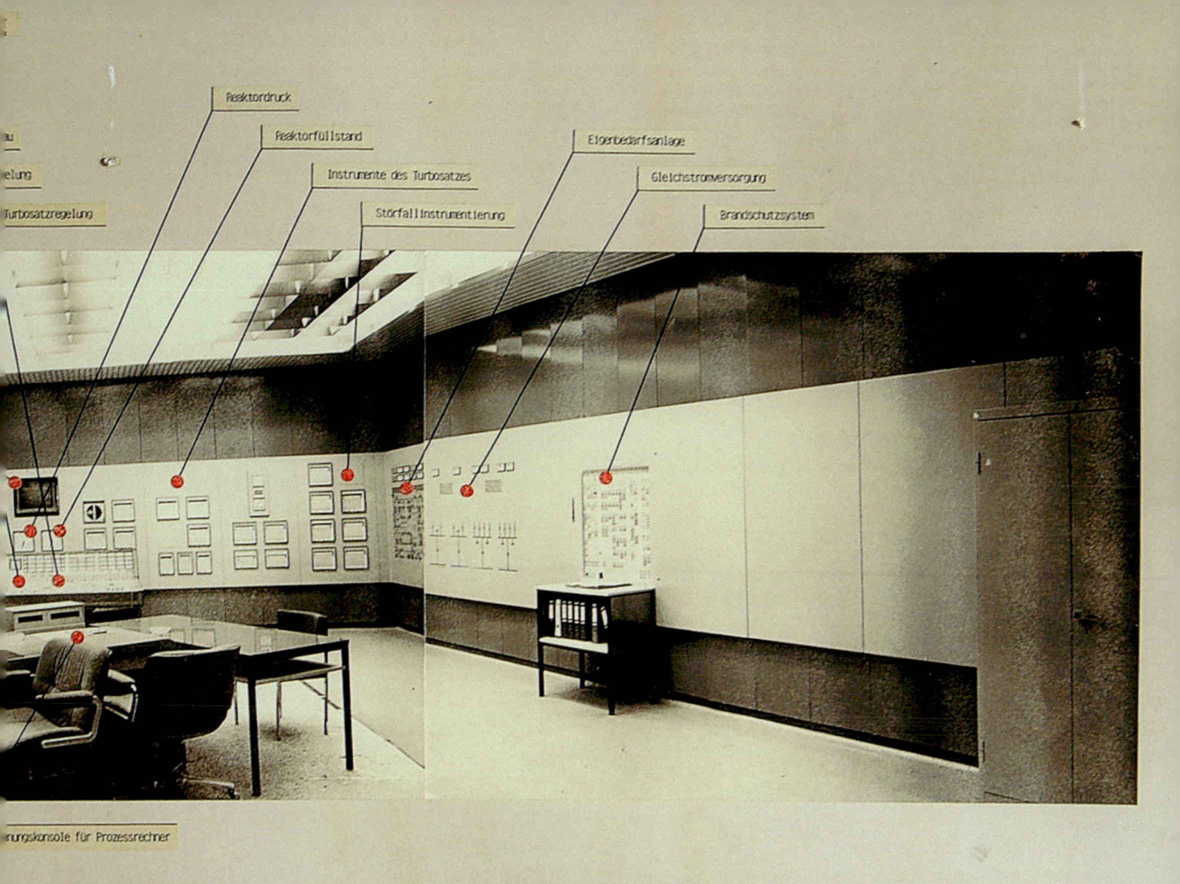
Reaktordruck
au
Reaktorfüllstand
elung
Instrumente des Turbosatzes
Turbosatzregelung
Störfallinstrumentierung
Eigenbedarfsanlage
Gleichstromversorgung
Brandschutzsystem
nungskonsole für Prozessrechner

KERNENERGIE
für eine friedliche Zukunft
Montag
17
Dezember
VE KOMBINAT KERNKRAFTWERKE
„ BRUNO LEUSCHNER "

3S-397
0,34/3

Meist vergehen von der Planung von Kernkraftwerken bis zu ihrer Inbetriebnahme Jahrzehnte. Während ihrer Betriebszeit ist jede Modernisierung nur unter enormem Zeit- und Kostenaufwand möglich, schon allein wegen der obligatorischen, langwierigen atomrechtlichen Genehmigungsverfahren hierbei. Die eingesetzte Technologie überdauert so meist Jahrzehnte. Bis ein Kernkraftwerk nach der Stilllegung wieder zur »grünen Wiese« rückgebaut ist, besteht es über Jahre oder Jahrzehnte als Atomruine weiter. Als langlebigste Hinterlassenschaft bleibt den nachkommenden Generationen der Atommüll.

VORHERIGE SEITEN

233 Informationstafel der Atomindustrie aus den 1970er Jahren über die Belastung durch natürliche sowie vom Menschen verursachte Radioaktivität

234 Leitwarte im Block 1 des »volkseigenen Kombinats Kernkraftwerke Bruno Leuschner« in Lubmin/Greifswald. Im größten Kernkraftwerk der DDR arbeiteten 10 000 Angestellte, seine Turbinenhalle war ein Kilometer lang. Die Anlage basierte auf sowjetischen Reaktoren, vereinzelt wurden aber auch Siemens-Bauteile verwendet. Viele Beschriftungen im Leitstand waren sowohl deutsch als auch russisch.

236 Begehbares Modell des Kernkraftwerks Neckarwestheim 2 im Simulatorzentrum Essen. Die im digitalen Zeitalter obsolet gewordenen Modelle wurden einst für das Kraftwerkspersonal hergestellt, um etwa bei der Fehlersuche eine räumliche Übersicht der Anlage zu ermöglichen. Jedes Anlagenteil im Modell war mit einer alphanumerischen Bezeichnung versehen, die der Originalkomponente im Kraftwerk entsprach.

238 Schautafeln aus dem brachliegenden Kernkraftwerk Zwentendorf

240 Als Erinnerungsstück aufbewahrter Kalender im Kernkraftwerk Lubmin/Greifswald. Er zeigt das Datum des letzten Betriebstags vor der Abschaltung im Zuge der deutschen Wiedervereinigung im Jahr 1990. Von den acht am Standort projektierten Reaktoren waren zu diesem Zeitpunkt fünf am Netz, Block 6 war betriebsbereit, wurde aber nie angefahren. Das volkseigene Kombinat wurde nach seiner Abwicklung durch die Treuhand zu den wiederum staatlichen »Energiewerken Nord«, die einen kleinen Teil des Kraftwerkspersonals übernahmen. Ihr neues Geschäftsfeld ist der Rückbau von Atomanlagen – zuvorderst der eigenen.

241 Ringraum um den »Kugelhaufenreaktor« in Hamm-Uentrop. Der Prototyp, der auf einer rein deutschen Entwicklung beruhte, wurde 1987 aufgegeben. Technische Probleme und Defizite bei der Sicherheit hatten die Versprechungen der Thorium-Hochtemperatur-Technologie zunehmend fraglich werden lassen. Der Reaktor mit seiner fünf Meter starken Spannbetonummantelung soll noch bis 2027 im »sicheren Einschluss« bleiben.

242 Brennelementwechselwarte im nie ans Netz gegangenen schnellen Brüter in Kalkar. Die zusätzliche Steuerstelle war bei diesem natriumgekühlten Reaktortyp zur Fernsteuerung beim Wechseln der Brennelemente nötig, da die Reaktorhalle hierbei nicht betreten werden konnte.

244 Kellergang…

245 …und Reaktorhalle im schnellen Brüter. Nach dem endgültigen Aus 1991 wurden Teile der Anlage nach Russland verkauft. Schrotthändler entnahmen Wertstoffe wie Kupferkabel und versetzten das einstige Prestigeobjekt in einen ruinösen Zustand. >

VORHERIGE SEITEN

246, 247 Das Kernkraftwerk Stendal war als mit Abstand größte Atomanlage in Deutschland geplant, seine Baukosten sollten sich auf 18 Milliarden DDR-Mark belaufen. Mit bis zu 15 000 Arbeitern war es in den 1980er Jahren die größte Baustelle der DDR. Ein halbes Jahr nach der deutschen Wiedervereinigung wurde der Bau, bei dem Reaktorblock 1 bereits zu 85 Prozent fertiggestellt war, wegen vorgeblicher Sicherheitsmängel eingestellt. Anschließend begann man mit dem Abriss der Bauten, der bis heute andauert. Die Bilder zeigen den rötlich gefärbten, mit brasilianischem Eisenerz versetzten Spezialbeton, der in Stendal um den Reaktorkern verbaut wurde. Von ihm versprach man sich eine besonders gute Abschirmung der Strahlung. Bei den Abrissarbeiten kommen immer wieder in Beton eingegossene Schnapsflaschen hervor.

248 Notstromdiesel des Kernkraftwerks Greifswald beim Abriss. Für die Notstromversorgung werden in Kernkraftwerken meist Schiffsmotoren eingesetzt.

249–252 Die Reste der beiden ersten Reaktorblöcke und Werkhallen in Stendal. Eine Reihe kleiner Firmen, denen das Recht zur Verwertung der Reststoffe zugestanden wurde, versucht sich seit über zwanzig Jahren am Abriss der gigantischen Anlage. Lediglich sieben Mann bearbeiteten zuletzt die Atomruine, allein das Zersägen der Stahlbetonhülle von Block 1 zog sich über drei Jahre hin. In den 1990er Jahren hatte ein Unternehmen auf dem Areal die Produktion von Fertighäusern vorgehabt, was jedoch scheiterte. Zurück blieb ein »Testhaus«, das den Bauarbeitern bei den Abrissarbeiten als Nachtquartier dient.

TL93
Z002
CE
TL93 D001
ZULU VENTILATOR
TL93 B002
NACHFILTER
TL93 W001
E-ERHITZER
Auf
Zu

Nach ihrem Aus war das Schicksal vieler Atomkraftwerke unklar. Teils wurden sie in Einrichtungen umgewandelt, die, wie Greifswald, ihre eigene Entsorgung kommerziell betreiben oder die, wie Hamm-Uentrop, die eigene Zwischenlagerung in Form des »sicheren Einschlusses« bewerkstelligen. Mit Anlagen, die nie die nukleare Betriebsphase erreichten, konnte vergleichsweise flexibel verfahren werden, etwa in Zwentendorf, das zum Schulungsreaktor wurde. Eine ungeahnte Umnutzung erfuhr der von Beginn an umstrittene schnelle Brüter im niederrheinischen Kalkar. 1972 hatten die Bundesrepublik Deutschland, Belgien und die Niederlande die Siemens-Tochter Interatom mit dem Bau eines Plutonium-Brutreaktors an diesem Standort beauftragt. Als Prototyp sollte die Anlage bei erfolgreichem nuklearen Betrieb einem Reaktorblock mit 2000 Megawatt Leistung vorausgehen – ein Wert, der von keinem Kernreaktor je erreicht worden war. Das Vorzeigeprojekt deutscher Ingenieurskunst scheiterte jedoch und geriet zur teuersten Industrieruine Deutschlands: Ohne jemals Strom zu erzeugen, verschlang der Plutoniummeiler bis zur Stilllegung 1991 neun Milliarden Mark. Um weiteren Kosten für den Rückbau der massiven Gebäude zu entgehen, wurde die Anlage per Zeitungsannonce zum Kauf angeboten. Der holländische Investor, der sie erwarb, machte daraus das »Kernwasser-Wunderland« – einen »Freizeitpark für die ganze Familie«.

VORHERIGE SEITEN

257 Die Verwaltungs- und Bürogebäude des »Kraftwerks mit schnellem Brutreaktor« bieten Unterkunft für bis zu tausend Übernachtungsgäste. »Kernies Hotel«, »Kernies Restaurant« und »Kernies Bäckerei« versorgen das abgelegene Kraftwerksgelände in der strukturschwachen Region am Niederrhein. Die Außenhülle des Kühlturms dient als Kletterwand.

258 Betonzaun an der Außengrenze des schnellen Brüters in Kalkar. Der Bauplatz war von einem Wassergraben umgeben – eine zusätzliche Sicherung, wie sie auch bei anderen Kernkraftwerken installiert wurde, etwa in Brokdorf. Hier wie dort wurde der Protest gegen die Atomenergie von Massendemonstrationen und gewalttätigen Auseinandersetzungen begleitet.

260 Eine Vielzahl von Fahrgeschäften und All-inclusive-Angeboten lockt die Besucher des »Wunderlands Kalkar« zum mehrtägigen Verbleib. Im »Brütermuseum« kann sich der Gast anhand von Fundstücken aus der ausgeschlachteten Kraftwerksruine über die Technik des »schnellen Brutreaktors« informieren.

262, 264 Für das Tagungsgeschäft wurden in den Kraftwerksgebäuden Konferenzräume eingerichtet, die »Würgassen«, »Biblis« oder »Gundremmingen« heißen. Im Bild zu sehen ist ein Tagungsraum namens »Kontrollraum« – die alte Leitwarte des schnellen Brüters.

266 Restbetrieb im »sicheren Einschluss«: Von der Lüfterzentrale aus wird der hermetisch verschlossene Reaktor in Hamm-Uentrop in den nächsten Jahrzehnten verwaltet und auf Dichtheit überwacht.

268 Im Kühlturm des schnellen Brüters befindet sich die Hauptattraktion des »Wunderlands«: ein Kettenkarussell. In luftiger Höhe über dem Rand des Kühlturms eröffnet sich dem kreiselnden Fahrgast ein Rundumblick über den ehemaligen Kraftwerkspark und die ländliche Umgebung am Rhein.

270 Fachwerk-Ergänzung: Fassadenanbauten machen aus der Atomruine des schnellen Brüters »Kernies Wunderland«.

Interviews

275
Wolfgang-Ulrich Müller,
Strahlenbiologe

284
Florian Emrich,
Öffentlichkeitsarbeit
im Atommüllendlager

287
Martin Weishaupt,
Wiederaufarbeitung
in Karlsruhe

290
Ingo Großhans,
Reaktorphysiker

293
Helmut Heemann,
Kraftwerksoperateur

296
Michael Seewald,
Ausbilder am
Kraftwerkssimulator

302
Wolfgang Kromp,
Risikoforscher

Die folgenden Interviews entstanden 2009 während der dokumentarischen Arbeiten für den Film »Unter Kontrolle. Eine Archäologie der Atomkraft«. Es sind Gespräche mit Personen aus verschiedenen Einrichtungen und Bereichen der Kernkraft, die an ihrem jeweiligen Arbeitsplatz oder ihrer Wirkungsstätte geführt wurden. Die Gesprächspartner schildern ihre Situation und ihre Sicht auf die Nukleartechnologie.

Wolfgang-Ulrich Müller, Strahlenbiologe

Prof. Dr. Wolfgang-Ulrich Müller ist Spezialist für Strahlenschutzfragen, sein Forschungsgebiet die Wirkung von Radioaktivität auf Menschen. Seit vielen Jahren ist Müller Mitglied bzw. Vorsitzender der deutschen Strahlenschutzkommission. Wir treffen ihn abends im verwaisten Labor seines Instituts in Essen. Er trägt eine Armbanduhr namens »Gamma-Master«, ein russisches Modell, das, wie er uns erklärt, neben der Uhrzeit auch Radioaktivität anzeigt.

Sie sagten, die Forschung in der Strahlenmedizin sei in Deutschland vernachlässigt worden. Ja. Seit gut zwanzig Jahren geht die Strahlenforschung in Deutschland immer weiter zurück, weil Institute, die einstmals bestanden haben, nicht neu besetzt wurden. Die Strahlenschutzkommission hat mehrfach darauf hingewiesen, aber es hat niemand so richtig hingehört. Inzwischen ist das Problem den Politikern bewusst, weil aufgrund fehlenden Nachwuchses in den Behörden Stellen nicht mehr mit Fachleuten besetzt werden. Jetzt soll etwas getan werden. Das kommt ein bisschen spät, aber vielleicht gerade noch rechtzeitig. Aus diesem Grund wurde 2007 der sogenannte Kompetenzverbund Strahlenforschung gegründet.
Worauf führen Sie diese Vernachlässigung zurück? Das hat politische Gründe. Man dachte damals, wir steigen aus der Kernkraft aus, und die Politiker hatten immer die Vorstellung, Strahlenforschung hätte nur etwas mit Kernkraft zu tun. Aber das Hauptaugenmerk der Strahlungsforschung liegt im Bereich Medizin und natürliche Strahlungsexposition. Das sind die beiden kritischen Bereiche. Kernkraftwerke spielen nur eine sehr untergeordnete Rolle, weil wir alles, was wir zu Strahlenrisiken wissen, nicht über Kernkraftwerke erfahren, sondern über Experimente im Labor, über Strahlentherapieeffekte, über die natürliche Strahlenexposition – wo sich herausgestellt hat, dass vermutlich etwa fünf Prozent aller Lungentumore auf das Radon zurückzuführen sind, also auf natürliche Strahlenexposition, nicht etwas vom Menschen Gemachtes.
Würden Sie von einer ideologischen Abwehrhaltung sprechen? Es hat etwas damit zu tun, denke ich. Politiker denken hier teilweise sehr einseitig. Es dauert immer, bis man ihnen deutlich gemacht hat, dass es nicht so simpel ist, wie sie sich das vorstellen. Denn gerade in der Medizin haben wir zunehmend das Problem, dass in der Röntgendiagnostik die Strahlendosen beständig ansteigen wegen der Computertomografien, die in manchen Fällen einfach unangebrachterweise eingesetzt werden. Die Manager-Check-ups, die in manchen Illustrierten angeboten werden, sind absoluter Unsinn. Dagegen sollte eigentlich etwas getan werden. Komplett gesunde Menschen – Herr Beckenbauer macht dafür kräftig Werbung – steigen in den Computertomografen, um sich durchchecken zu lassen – um dann begeistert zu sein, dass sie kerngesund sind. Das ist eine relativ hohe Strahlenbelastung, die dabei zustande kommt, bei Leuten, die in der Tat nichts haben. Die wenigen, die dabei möglicherweise gefunden werden, haben zum Teil »Erkrankungen«, die man nie behandeln müsste und die dann trotzdem behandelt werden – mit allen Risiken. Es werden OPs durchgeführt, die unnötig sind, weil der Betreffende nicht gewusst hätte, dass er diese kleine Veränderung hat, mit der er hundert Jahre alt hätte werden können. Zum Beispiel Prostatakrebs. Viele Männer sterben mit ihrem Prostatakrebs, aber nicht an ihm.
Im Mittel ist die Strahlenbelastung bei der Computertomografie etwa 20 Millisievert – natürlich sehr

abhängig von der genauen Untersuchung – also ungefähr das Zwanzigfache der natürlichen Hintergrundstrahlenbelastung im Jahr. Häufig müssen mehrere CTs gemacht werden. Wir wissen, dass etwa ab 100 Millisievert aufwärts statistisch nachweisbar das Tumorrisiko steigt. Wie es unter 100 Millisievert aussieht, wissen wir zurzeit nicht, vermuten aber auch hier ein Risiko. Nur nachweisen kann man es nicht, weil die natürliche Schwankungsbreite der Tumore schlicht zu groß ist. Wir haben in Deutschland pro Jahr etwa 200 000 Tumortote und der Wert schwankt im Jahr um plusminus 6000. In dieser Schwankungsbreite sieht man strahleninduzierte Tumortote unter 100 Millisievert einfach nicht, die gehen unter.
Das Tumorrisiko durch Strahlung wird in der Bevölkerung meist stark überschätzt. Typisches Beispiel sind die Überlebenden von Hiroshima und Nagasaki, wo intensiv Untersuchungen gemacht wurden. Etwa 100 000 Personen haben die Atombombenabwürfe überlebt und waren ab 1950 in dieser Studie. Wir haben jetzt die Daten für die ersten 50 Jahre. Ich frage in Fortbildungsveranstaltungen oft, wie viele strahleninduzierte Tumortote da wohl auftreten und erhalte meist Antworten zwischen 10 000 und 40 000. Es sind aber etwa 600 gewesen – im Verlauf der 50 Jahre, nicht pro Jahr. Auch die Tagesschau meldet immer falsche Daten. Letztes Jahr haben sie sogar gemeldet, dass durch die Strahlung immer noch mehrere Tausend im Jahr sterben, was völliger Unfug ist.
Gib es eine Formel, wie viele Strahlentote auf wie viel Strahlung zurückzuführen sind? Es gibt einen Wert, der zunächst relativ hoch klingt, aber auch die Dosis ist hoch: Man geht davon aus, dass durch ein Sievert – also das Tausendfache der Hintergrundstrahlenexposition, also der durchschnittlichen natürlichen Strahlenbelastung im Jahr – ungefähr zehn Prozent zusätzliche Tumortodesfälle auftreten. Normalerweise sterben etwa 20 bis 25 Prozent aller Menschen durch einen Tumor. Dieser Wert würde nach einer Strahlendosis von einem Sievert ansteigen um zusätzliche zehn Prozent, also zum Beispiel von 25 auf 35 Prozent. Nur: Ein Sievert ist eine wahnsinnig hohe Dosis. Die erhält man üblicherweise nicht. Wir rechnen dem entsprechend, dass bei 0,1 Sievert (100 Millisievert) die Zahl zusätzlicher Todesfälle um ein Prozent ansteigt, also von 25 auf 26 Prozent. Was darunter passiert, wissen wir nicht. Im Strahlenschutz rechnen wir einfach weiter linear herunter: zehnmal

Radon ist ein radioaktives Edelgas und natürlicher Bestandteil der Luft. Es entsteht über eine Zerfallsreihe aus den instabilen Elementen Uran und Thorium, die in Deutschland häufig in Mittelgebirgen zu finden sind, weshalb hier eine erhöhte Radonbelastung bestehen kann. Es zerfällt selbst weiter, etwa zu Polonium, das die eigentliche Gesundheitsgefahr darstellt, wenn es über die Atemwege aufgenommen wird. Radon kann sich ansammeln, etwa in schlecht belüfteten Räumen.

weniger Dosis gleich zehnmal weniger Risiko. Ob das wirklich so ist, weiß allerdings niemand.
Heißt das, man müsste in Bezug auf die Kernkraft die Leute beruhigen, die Angst vor der Strahlung haben? Also, es ist ja so, dass wir ziemlich genau wissen, wie hoch die Strahlenexposition durch Kernkraftwerke ist. Sie ist in aller Regel so niedrig, dass man sie nicht messen, sondern nur über Modelle errechnen kann. Das wird bei der Planung der Kraftwerke schon gemacht: Man macht bestimmte Annahmen und schaut bei den Leuten an der ungünstigsten Stelle, wie hoch deren Strahlenexposition sein wird. Diese Werte dürfen bestimmte Dosiswerte nicht überschreiten, nur dann ist das Kernkraftwerk überhaupt genehmigungsfähig. Nach dem Bau wird die Umgebung natürlich überwacht, ob nicht vielleicht doch etwas passiert. Aber das, was im täglichen Betrieb von den Kraftwerken freigesetzt wird, ist in aller Regel so niedrig, dass man es nicht messen kann und auf Rechnungen angewiesen ist. Ein Pi-mal-Daumen-Wert, der in der Regel deutlich unterschritten wird, ist zehn Mikrosievert [entspricht 0,01 Millisievert] im Jahr an der ungünstigsten Stelle in der Umgebung eines Kernkraftwerkes. Und das ist sehr konservativ gerechnet. Also im ungünstigsten Fall ein Hundertstel der natürlichen Strahlenexposition.
Diejenigen, die berufsmäßig in den Kraftwerken mit Strahlung zu tun haben, tragen ständig Dosimeter, sodass ziemlich genau bekannt ist, welche Strahlendosis sie erhalten. Es gibt Grenzwerte, die eingehalten werden müssen: 20 Millisievert im Jahr sowie die Berufslebensdosis, die allerdings für Deutschland spezifisch ist, von 400 Millisievert im gesamten Berufsleben. Wer die erreicht, wird in Bereiche versetzt, in denen er keine Strahlenexposition mehr bekommt, bzw. es werden strengere Auflagen gemacht. Aber 400 Millisievert erreichen auch nur ganz wenige, in Deutschland um die zehn, fünfzehn Personen. Die meisten liegen weit unter

20 Millisievert, denn ein wichtiges Prinzip im Strahlenschutz ist, dass man optimieren muss. Das heißt, man kann nicht sagen, der Mann ist unter 20 Millisievert, das ist okay, sondern man muss weiter versuchen, die Dosis herunterzudrücken – also optimale Bedingungen herzustellen.

Gibt es dennoch Erkrankungen, die bei Kernkraftmitarbeitern häufiger vorkommen? Es gibt eine einzige etwas umstrittene Studie, die alle Kernkraftwerksarbeiter-Daten zusammenfasst. Und da sieht es tatsächlich so aus, als wenn eine leichte Erhöhung des Leukämierisikos da wäre. Das Problem dabei ist, die genauen Strahlendosen festzustellen, denn diese Studie fußt zum Großteil auf historischen Daten auch aus Jahren, in denen der Strahlenschutz noch nicht so ausgeprägt war und Strahlendosen nicht so exakt erfasst wurden. Es kann sein, dass nicht alles berücksichtigt worden ist, etwa dass – das war in der Anfangszeit der Kernkraftwerke sicher auch der Fall – Inkorporationen stattgefunden haben, also radioaktive Substanzen in den Körper aufgenommen worden sind, die vom Dosimeter nicht erfasst werden. Das im Nachhinein festzustellen, ist ungeheuer schwierig. So könnten hier durchaus höhere Strahlendosen eine Rolle gespielt haben, als man im Augenblick denkt. Dann ist dieser Anstieg auch wieder leicht erklärbar, denn die Leukämien sind in der Tat das Tumorrisiko, das am ausgeprägtesten nach Strahleneinwirkungen zu beobachten ist.

Die natürliche Strahlenbelastung oder Hintergrundstrahlenexposition rührt vor allem vom Radon. Die durchschnittliche effektive Dosis pro Person beträgt in Deutschland etwa 1,1 Millisievert (mSv) im Jahr. Hinzu kommt eine direkte Strahlung aus der Erde mit rund 0,4 mSv bzw. aus dem Kosmos mit 0,3 mSv sowie aus natürlichen radioaktiven Stoffen in der Nahrung mit 0,3 mSv im Jahr.

Wie geschehen solche Inkorporationen? In Kernkraftwerken gibt es natürlich offene Radionuklide, also zerfallende Stoffe, die eingeatmet werden können. Selbstverständlich sorgt man dafür, dass dies nur zum geringen Prozentsatz passiert. Aber auch hier im Labor ist es so, dass beispielsweise radioaktive Flüssigkeiten gehandhabt werden. Wenn man unachtsam ist, kann man etwas verschlucken oder auf die Haut bekommen und so in den Körper aufnehmen, was immer das Ungünstigste ist, denn die Stoffe wieder herauszubekommen, ist oft nicht möglich. Man kann dann nur hoffen, dass die Substanzen auf natürlichem Wege den Körper verlassen, was bei einigen funktioniert, etwa bei Cäsium 137, aber etwa bei Strontium 90 so gut wie gar nicht, weil es sehr schnell in die Knochen eingebaut wird. Jeder von uns hat diesen Stoff noch aus den oberirdischen Atombombenversuchen in den Knochen. Die haben ordentliche Belastung nach sich gezogen.

Wie läuft das dann im Körper nach einer solchen Inkorporation genau ab? Das hängt sehr vom Molekül ab, das man inkorporiert hat; eine allgemeine Regel kann man nicht aufstellen. Es gibt welche, die sich in bestimmten Körperbereichen anreichern, etwa Jod in der Schilddrüse oder den Speicheldrüsen. Oder das besagte Strontium 90 in den Knochen, während andere Substanzen wie Cäsium 137 sich relativ gleichmäßig verteilen. Und je nachdem sieht man unterschiedliche Strahlenrisiken. Schilddrüsentumore, klar, gerade bei Kindern: Das war ja der einzige Tumor, den man in der Umgebung von Tschernobyl wirklich hat feststellen können, den Anstieg der Schilddrüsentumore bei Kindern. Bei Erwachsenen sehen wir das noch nicht, was nicht bedeutet, dass keine auftreten werden, weil die Latenzzeiten sehr unterschiedlich sind – also die Zeit zwischen Stoffaufnahme und Auftreten des Tumors. Bei Kindern liegt sie zum Teil nur zwischen zwei und vier Jahren. Bei Erwachsenen und Schilddrüsentumoren zwischen 20 und 40. So können durchaus noch Fälle in der Umgebung Tschernobyls auftreten – die Zeit ist noch nicht weit genug fortgeschritten. Zum Glück sind die Schilddrüsentumore gut heilbar; normalerweise stirbt man nicht daran. Allerdings – und das ist das Problem in der Ukraine, in Russland, in Weißrussland – muss man nach der Therapie ein Leben lang Schilddrüsenhormone nehmen und es hat zwei, drei, vier Todesfälle gegeben, weil die Eltern den Kindern die nicht gegeben haben.

Wenn der Strahler in der Schilddrüse ist, was verändert er dort? Das Kritischste ist das Erbmaterial, die DNA. Dort finden Veränderungen statt, die zum Glück größtenteils vom Körper repariert werden. Man kann sich das leicht vor Augen führen anhand der Hintergrundstrahlenexposition von einem Millisievert im Jahr: Dadurch wird im Mittel *ein* Schaden an der DNA jeder Körperzelle auftreten. Das wird vom Körper selbst repariert. Die Zellen haben bestimmte Proteine, die zum einen erkennen, dass etwas nicht in Ordnung ist und andere, die solche Schäden beheben. Es kommt allerdings vor, dass die Proteine nicht merken, dass hier etwas falsch ist, und auch, dass Fehler bei der Reparatur gemacht werden und unter Umständen der Schaden sogar vergrößert wird. Und im hohen Dosisbereich können so viele Schäden auf einmal entstehen, dass sie einfach nicht behebbar sind. Ein anderes Problem ist – das gilt vor allem für Neutronen, für schwere Teilchen –, dass die Schäden so kompliziert sein können, dass sie gar nicht behoben werden können. Das ist der wichtige Grund dafür, warum Neutronen oder Alphastrahlen sehr viel wirksamer sind bei gleicher Energie, die sie deponieren, im Vergleich zur Röntgenstrahlung. Sie machen so komplizierte Schäden, dass die Reparatursysteme nicht wissen, wie das ausgesehen hat und wieder in Ordnung zu bringen ist. Dann gibt es Probleme, die manchmal gar nicht so schlimm sind, obwohl sie sich so anhören. Fast das Günstigste ist, dass die Zelle einfach stirbt und durch Nachbarzellen ersetzt wird, was aber nur im niedrigen Dosisbereich geht. Im hohen Dosisbereich würden dann so viele Zellen sterben, dass das keinen Sinn mehr macht. Deshalb gilt hier, dass die Zelle reparieren *muss*. Und wenn solche Fehler passieren, kann es sein, dass Tumore auftreten und – vielleicht, in ganz seltenen Fällen – Erbkrankheiten. Beim Menschen scheinen die Erbkrankheiten keine große Rolle zu spielen. Man hatte ursprünglich aufgrund von Tierversuchen gedacht, das Erbrisiko wäre ein sehr hohes, aber für den Menschen ist das bis heute nicht nachgewiesen. Es gibt ja heute bis in dritter Generation Nachkommen der Überlebenden in Hiroshima und Nagasaki, und man kann zwar einen gewissen Anstieg der Erbkrankheiten sehen, aber so schwach, dass er statistisch nicht signifikant ist. Wenn man sich auf die Statistik zurückzöge, könnte man sagen: reiner Zufall, hat mit der Atombombe nichts zu tun. Aber das sagen nun wirklich wenige ernsthaft, denn aus den Tierversuchen wissen wir ja, dass es grundsätzlich möglich ist, dass Erbkrankheiten ausgelöst werden, und warum sollte der Mensch da eine Ausnahme machen. Aber er scheint auf dem Gebiet nicht sehr empfindlich zu sein. Das Risiko liegt mehr in Richtung Tumor.

Also nur bei einer sehr hohen Dosis hat man akute Zerstörungen, etwa Verbrennungen? Das tritt nur nach sehr hohen Dosen auf, also etwa in Unfallsituationen oder in der Strahlentherapie. In früheren Jahrzehnten war es durchaus so, dass die Strahlentherapie bisweilen Hautverbrennungen verursacht hat, weil man Strahlen einsetzte, die auch die gesunden Gewebe sehr massiv geschädigt haben. Inzwischen benutzt man ganz andere Strahlen – hochenergetische Strahlen –, die tief in den Körper eindringen und dann erst ihre Wirkung entfalten. Oder auch Protonen. Hin und wieder einmal Neutronen, aber was im Moment im Kommen ist, sind Protonen.

Im hohen Dosisbereich kann es zu sogenannten deterministischen Effekten kommen, was bedeutet, dass zunächst einmal eine Schwellendosis überschritten werden muss. Es geht dabei um Effekte, die selbst bei strahlenempfindlichen Personen unter einem Sievert nicht erkennbar werden. Hautverbrennungen etwa treten noch nicht auf oder Haarausfall. Auch Störungen wie die Probleme bei der Zeugung von Nachkommen kommen nicht vor, dafür sind diese Dosen zu niedrig. Wenn diese Schwelle überschritten wurde, nimmt mit zunehmender Dosis die Schwere der Erkrankung zu. Hautverbrennungen werden intensiver und es treten Effekte bis hin zu Geschwüren oder ganz massiven Hautschäden auf.

Beim Tumorrisiko ist das möglicherweise anders. Da sind wir unter 100 Millisievert nicht sicher, was wirklich passiert. Gibt es da vielleicht auch eine Schwelle? Vielleicht bei zehn Millisievert, oder fünf? Oder beginnt das Risiko vielleicht etwas flacher und wird dann steiler – oder umgekehrt? Das weiß im Moment niemand. Dafür brauchen wir eben biologische Strahlenforschung.

Welches sind die Bereiche, die bereits gut erforscht sind? Worüber man definitiv gut Bescheid weiß, ist der hohe Dosisbereich, alles über 100 Millisievert. Aber auch hier gibt es ein Gebiet, wo wir nur in Ansätzen Bescheid wissen: die individuelle Reaktion. So fragt etwa nach einem Strahlenunfall der behandelnde Arzt nicht in erster Linie nach der physikalischen Dosis, sondern will wissen, wie der Betroffene reagiert hat. Hierzu muss er Veränderungen im Körper selbst untersuchen und danach seine Therapie einrichten. Es gibt bestimmte Veränderungen, die anzeigen, wie der Betroffene auf

> Im Prinzip könnte schon ein einzelnes Gammaquant einen Tumor entstehen lassen

die Strahlung reagiert hat. Ein simples Verfahren ist das Blutbild, denn Lymphozyten sind sehr strahlenempfindlich. Wenn die kurz nach einem Strahlenunfall in den Keller gehen, ist das ein absolutes Warnsignal. Und das ist von Mensch zu Mensch unterschiedlich. Selbst wenn zwei Personen jeweils ein Gray abbekommen, kommt es bei dem einen vielleicht zu einem massiven Lymphozytenabfall, beim anderen nur minimal. Solche Kennzeichen braucht der behandelnde Arzt, um seine Therapie einzurichten. Dazu gibt es rund fünfzig verschiedene Verfahren.

Und im Niedrigstrahlungsbereich? Da gibt es Unklarheiten. Was aber klar ist und häufig übersehen wird ist: Das Risiko dort kann nicht extrem hoch sein, sonst würden wir es wiederum sehen. Es gibt ja Untersuchungen in Gebieten mit hoher natürlicher Strahlenexposition: Große Teile Südfrankreichs etwa haben statt einem Millisievert im Jahr drei und Küstengebiete im indischen Kerala oder in Brasilien haben bis zu 100 Millisievert. Und die Ergebnisse von Untersuchungen dort lauten immer: Man kann nichts sagen. Man sieht keine Erhöhung und keine Erniedrigung. Das bedeutet nicht, dass keine Fälle auftreten würden, es bedeutet aber, dass das Risiko nicht sehr hoch sein kann, denn sonst würden wir den Effekt sehen können.

Was weiß man über die Wahrscheinlichkeit, dass der Körper es schafft, eine einzelne Zelle zu reparieren? Es ist ungeheuer schwer zu sagen, wie effektiv das im Einzelfall ist. Wir wissen, dass Menschen unterschiedlich gut reparieren. Einige reparieren sehr schlecht und fallen etwa in der Strahlentherapie mit massiven Nebenwirkungen auf, andere reparieren wunderbar. Es gibt erhebliche Unterschiede von Person zu Person. Und bezogen auf die einzelne Zelle hängt es davon ab, wo genau der Schaden im Erbmaterial ist. Es gibt Bereiche, da ist es ziemlich unproblematisch und der Schaden kann sogar bestehen bleiben. Andere Bereiche sind sehr empfindlich, andere gut reparierbar, wiederum andere schlecht. Es ist schwer zu sagen, wie effektiv die Reparatur jeweils sein wird.

Kann ein einzelnes Gammaquant – also gewissermaßen die kleinstmögliche Einheit Gammastrahlung – tatsächlich Krebs auslösen? Das war ja immer die Überlegung derjenigen, die sagen, es gibt keine Schwellendosis. Im Prinzip könnte man schon sagen, dass ein Gammaquant in der Lage ist, eine Tumorzelle zu produzieren und daraus einen Tumor entstehen zu lassen. Allerdings ist es extrem unwahrscheinlich, dass es passiert. Es gibt noch viele andere Mechanismen neben der Reparatur, etwa die Immunabwehr, die potenzielle Tumorzellen erkennt. Wir hätten ja viel mehr Tumore, wenn nicht die Immunabwehr ständig kontrollieren würde. Um die Wahrscheinlichkeit zu veranschaulichen, wird häufig das Beispiel herangezogen, Ihnen seien die Augen verbunden und die Ohren zugestopft und Sie sollen zehn Minuten lang auf einer Autobahn hier in Essen zwischen den Leitplanken hin- und hergehen. Wenn nicht gerade Stau ist, wird das ein gefährliches Unternehmen, ein Auto kommt nach dem anderen, Sie sehen und Sie hören nichts, Trefferwahrscheinlichkeit hoch. Nehmen wir an, es fährt nur ein Auto während der zehn Minuten, dann könnte es Sie immer noch treffen. Selbst wenn in ganz Europa nur ein einziges Auto fährt, sei es in Südportugal oder in Nordfinnland oder hier in Essen. Es wird aber extrem unwahrscheinlich und solche Risiken sind einfach nicht mehr erfassbar.

Becquerel ist eine Einheit, in der die Radioaktivität von Stoffen angegeben wird. Sie bezeichnet die durchschnittliche Anzahl von Atomkernen, die in der Sekunde zerfallen und dabei Strahlen aussenden. Becquerelwerte geben allerdings noch keine Auskunft über die Strahlenwirkung auf den Menschen.

Sievert: In dieser Einheit wird die Strahlenbelastung von biologischen Organismen angegeben. In der Einheit Sievert ist einberechnet, dass verschiedene Strahlenarten unterschiedlich starke Wirkungen auf den Organismus haben. Da ein Sievert eine sehr hohe Strahlendosis ist, werden meist Werte in Millisievert (mSv) angegeben, also einem Tausendstel Sievert. Des Weiteren werden kleinere Dosen auch in Mikrosievert (µSv, ein Millionstel Sievert) angegeben – ein Umstand, der mitunter für Verwirrung sorgt.

Ist Strahlung immer gleich Strahlung – in ihrer Wirkung auf den Körper? Bei Radioaktivität spricht man ja fachlich richtig von ionisierender Strahlung. Ionisieren bedeutet, dass die Strahlung Elektronen von Atomen abtrennen kann – das ist die Definition. Und hierdurch entstehen Radikale, die im Körper oft eigentlich die Schäden verursachen. Es gibt nun verschiedene Arten ionisierender Strahlung: Aus der Medizin kennt man Röntgenstrahlung, in der Kernenergie und bei radioaktiven Zerfällen generell entsteht meist Alpha-, Beta-, Gamma- und auch Neutronenstrahlung. Diese verschiedenen Strahlenarten sind unterschiedlich wirksam: Nach Röntgen-, Gamma- oder Betastrahlung entstehen hier und da Ionisationen, aber nur ganz selten viele an einer Stelle. Nach Neutronen- oder Alphastrahlen hingegen entstehen Ionisationen – und damit auch Schäden – in ganz kurzen Abständen. Wenn das im Erbmaterial geschieht, werden die Schäden sehr kompliziert. Es wird ein größerer Bereich verändert, während nach Einwirkung von Röntgenstrahlung nur hier und da ein Schaden entsteht, der viel leichter zu reparieren ist.

Astronauten sehen manchmal regelrechte Lichtblitze, wenn ein Teilchen die Netzhaut trifft

Von ihrer physikalischen Beschaffenheit her sind Röntgen- wie auch Gammastrahlen elektromagnetische Wellen, während Alpha-, Beta-, Neutronen- und Protonenstrahlung Teilchen sind, die sich wiederum sehr unterschiedlich verhalten. Betastrahlen sind sehr kleine Teilchen, weshalb sie auch nur hier und da eine Ionisation verursachen. Alphastrahlen sind sehr große Teilchen, die richtig durchbrettern und richtig viele Schäden in kurzen Abständen machen.
Und bei den Neutronen gibt es ja das Problem der Aktivierung - dass also der Stoff, der von der Strahlung getroffen wird, selbst radioaktiv wird und anfängt zu strahlen... Bei Neutronen und auch bei anderen hochenergetischen Strahlen kommt es durchaus vor, dass sie selbst aktivierend wirken, sodass andere Strahlen freigesetzt werden, Gammastrahlen in erster Linie. Wir haben zum Beispiel hier im Haus eine Neutronenquelle stehen; da muss man nach Abschalten erst einmal zehn Minuten warten, bis man überhaupt in den Raum hinein kann wegen der Aktivierung, die da stattfindet. Und das spielt in Kernkraftwerken klar auch eine gewisse Rolle. Das gibt es aber nur nach sehr hochenergetischen Strahlenarten. Nach Röntgen- oder Gammastrahlung nicht.
Wenn man von Neutronenstrahlen getroffen würde, würde das im Körper auch zu Aktivierungen führen? Würde man selbst anfangen zu strahlen? Im Körper nicht so sehr. Aktiviert würden in erster Linie Materialien mit hohen Ordnungszahlen wie Blei, also sehr schwere Materialien. Wasser und Weichteil- oder Muskelgewebe längst nicht so – da ist das Aktivierungsproblem nicht im Vordergrund.
Und kosmische Strahlung? Kosmische Strahlung ist sehr unterschiedlich zusammengesetzt. Es sind zum großen Teil schwere Teilchen, beispielsweise Kohlenstoffionen. Astronauten sehen manchmal einen regelrechten Lichtblitz, wenn so ein schweres Teilchen die Netzhaut trifft. Wie man überhaupt sagen muss, dass die Augen bei Astronauten ein Problem sind. Viele bekommen grauen Star und haben dann einen Katarakt, also eine Trübung der Augenlinse und erblinden eigentlich. Aber da man grauen Star gut operieren kann, wird die eigene Linse einfach herausgenommen und eine künstliche eingesetzt. Das ist bei Astronauten übermäßig häufig der Fall.
Ist das dieselbe Strahlung, der man auch als Flugpassagier ausgesetzt ist? Im Weltraum ist es viel ausgeprägter, aber auch Flugreisen, vor allem in Richtung Pol, sind durchaus mit Strahlenexpositionen verbunden. Richtung Äquator ist es nicht so problematisch. Das liegt am Erdmagnetfeld, das dort ziemlich ausgeprägt ist. Die Strahlen werden weitgehend abgelenkt in Richtung der Pole, wo man die höchsten Strahlenexpositionen bekommt. Das kann man unterwegs messen: Als ich neulich nach Schweden geflogen bin, hat meine Uhr sofort Alarm gegeben, als wir aufgestiegen waren. Sie war wohl auf 100 Nanosievert pro Stunde eingestellt. Da war sie ziemlich schnell drüber.
Für Passagiere, die hin und wieder einmal fliegen, ist das weniger ein Problem. Anders für Piloten, die dauernd eine solche Route fliegen, oder für Flugkuriere. Das Flugpersonal gehört ohnehin zu den am höchsten strahlenexponierten Personen überhaupt – in aller Regel deutlich mehr als der durchschnittliche Kernkraftwerksarbeiter.
Kann man diese verschiedenen Arten der Strahlenexposition vergleichen? Man kann sie vergleichen; es gibt dafür Messverfahren, mit denen man die biologische Wirksamkeit – wie viel die Strahlung in einem Organismus anrichten kann – bestimmt. Je nachdem, ob man etwas zum Zelltod oder zur Tumorentstehung wissen möchte, muss man unterschiedliche experimentelle Systeme einsetzen, um beispielsweise die Wirkung von Röntgen- und Neutronenstrahlen zu vergleichen. Meist wird Röntgen- oder Gammastrahlung als Vergleichsstrahlung verwendet und geschaut, um wievielmal wirksamer Neutronen- oder Alphastrahlen

oder schwere Teilchen sind. Was Zelltod angeht, stellt man bei Neutronen- oder Alphastrahleneinwirkung eine drei- bis vierfach erhöhte Wirksamkeit fest. Was Tumorentstehung angeht, durchaus einen Faktor bis zu 20. Diese Strahlenarten sind also bei gleicher Strahlungsenergie gefährlicher als etwa Röntgenstrahlung. Deshalb hat man im Strahlenschutz neben der Energiedosis in der Einheit Gray noch die Äquivalentdosis in Sievert eingeführt. Gray beschreibt die tatsächliche Energie, die deponiert wird, Sievert berücksichtigt, dass Strahlenarten unterschiedlich wirksam sind. Es beschreibt damit gewissermaßen das Maß der Schädlichkeit für einen Organismus. Bei Neutronenstrahlung beispielsweise multipliziert man den Gray-Wert mit Faktor 20, wenn man zum Tumorrisiko etwas wissen will. Dann sind ein Gray Neutronen 20 Sievert Neutronen – vergleichbar mit 20 Sievert Röntgenstrahlung. Ein Gray Röntgenstrahlung entspräche auch einem Sievert Röntgenstrahlung, aber ein Gray Neutronen sind 20 Sievert.

Und wenn man die kosmische Strahlung mit der im Kernkraftwerk vergleicht? Da muss man genau hinschauen, wie die kosmische Strahlung zusammengesetzt ist. Die ist auch im Weltraum nicht überall exakt gleich. Wobei ich ohnehin skeptisch bin, ob es jemals zu einer Marsmission kommen wird, denn auf dem Weg dorthin, vor allem, wenn Sonneneruptionen auftreten, haben die Astronauten kaum eine Chance lebend anzukommen.

Heißt das, kosmische Strahlung ist gefährlicher? Sie ist vor allem sehr unterschiedlich. Die sogenannten Solar Flares, die – nicht vorhersagbar – auftreten, Eruptionen also, führen zu sehr hohen Strahlendosen. Nicht bei Flugreisenden. Aber Astronauten, weit im Weltraum, sind heftig gefährdet. Und so einen Flugkörper können Sie wegen des Gewichts auch kaum abschirmen – Sie bekämen ihn sonst gar nicht mehr von der Erde weg. Aber Astronauten haben eine ganz andere Einstellung zu ihrem Berufsrisiko. In den USA hat man mal eine Ausschreibung gemacht mit der Maßgabe, man könne nicht zurückkommen. Es haben sich mehrere Tausend beworben.

Es scheint eine gewisse Unschärfe zu geben; einerseits kann man im Niedrigdosisbereich statistisch kaum etwas feststellen, andererseits sagt man, man solle jegliche Strahlung vermeiden? Das ist in der Tat ein Problem. Es gibt auch Leute, die sagen, Strahlung im ganz niedrigen Dosisbereich sei nützlich. Auch dafür kann man Argumente finden. Wenn das wirklich so ist, würden wir mit unserer Philosophie »so wenig Strahlung wie möglich« sogar einen Fehler machen – das kann im Moment niemand ausschließen. Aber auch der wäre nicht riesengroß. Denn wenn dieser Schutz, der von vielen im niedrigen Dosisbereich erwartet wird, sehr ausgeprägt wäre, müsste man ihn erkennen und messen können, was auch nicht geht. Wir bewegen uns schlicht in einem Unsicherheitsbereich. Aber in keinem, wo es so dramatisch wäre, dass man massivste Fehler machte.

Welche positiven Strahleneffekte vermutet man denn? Man mutmaßt beispielsweise – man kann das bei einigen Mäusestämmen zeigen –, dass niedrige Strahlendosen die Immunabwehr stärken. Wenn Sie zwei Mäusegruppen bilden und die eine erhält zehn Millisievert Strahlung, überleben diese Bestrahlten länger. Das liegt in erster Linie daran, dass sie weniger Infektionen aufweisen. Das heißt die Immunabwehr ist bei ihnen durch die Strahlung stimuliert, sie bekommen weniger Infekte und sterben deshalb nicht vor den anderen. Und weil wir wissen, dass das Immunsystem auch vor Tumoren schützt, könnte es durchaus sein, dass durch niedrige Strahlendosen die Immunabwehr potenzielle Tumorzellen effektiver erkennt und so das spontane Tumorrisiko sinkt. Die ionisierende Strahlung würde dann vielleicht nach wie vor selbst Tumore auslösen, aber wenn sie mehr verhindert als sie auslöst, hätten wir einen Schutz im niedrigen Dosisbereich. Nachgewiesen ist das bis heute nicht. Aber als Idee ja vielleicht ganz nett.

Wenn Sie zwei Mäusegruppen bilden, überleben die Bestrahlten länger

---

Ist die Direktstrahlung von außen weniger problematisch, als wenn man radioaktive Partikel in den Körper bekommt? Das hängt immer von der Dosis ab, die ist das Entscheidende, egal, ob sie von außen oder von innen kommt, ob sie künstlich oder natürlich ist – entscheidend ist, welche Dosis in den Körper hineingelangt bzw. an welchen Stellen in der Zelle sie auftritt. Wie sie zustandegekommen ist, ist unerheblich.

In manchen Museen gibt es eine sogenannte Nebelkammer, in der ionisierende Strahlung sichtbar wird.

Woher kommt diese Strahlung? Das ist Strahlung, die entweder aus dem Erdboden oder aus dem Kosmos kommt. Oder, wenn Sie dicht genug dranstehen, aus Ihnen selber. Sie haben ja rund 0,3 Millisievert natürliche Strahlenexposition unvermeidlich in Ihrem Körper. Das liegt nicht an künstlichen Radionukliden, sondern in erster Linie am Kalium 40, das aus der Erdentstehungszeit stammt und eine Halbwertszeit von über einer Milliarde Jahren hat. Das nehmen Sie mit praktisch jedem Nahrungsmittel auf, es ist praktisch überall. Weil es auch leicht wieder ausgeschieden wird, pendelt es sich bei 0,3 Millisievert im Jahr ein.

Wie ist der Zusammenhang zwischen Strahlung und Leukämie? Leukämie ist leider von den Mechanismen her weitgehend unverstanden, vor allem bei Kindern. 2007 hat diese KiKK-Studie [*Kinderkrebs in der Umgebung von Kernkraftwerken*] für viel Furore gesorgt, wo ein leichter Anstieg in der Umgebung von Kernkraftwerken epidemiologisch nachweisbar war. Allerdings sind die Daten als solche sehr umstritten. Die Strahlenschutzkommission hat dazu einen recht ausführlichen Bericht erstellt. Die Quintessenz ist, dass wir ausschließen können, dass die Strahlung der Verursacher war, aber was es wirklich gewesen ist, wissen wir nicht. Das hängt damit zusammen, dass die Mechanismen, wie Leukämie entsteht, weitgehend unklar sind. Ein paar Sachen weiß man inzwischen, aber insgesamt zu wenig. Und diejenigen, die Forschungsgelder vergeben, sagen, von Leukämie – auch wenn es Kinder sind – sind nur ganz, ganz wenige betroffen. Man steckt die Gelder lieber in Diabetes- oder Herz-Kreislauf-Forschung, wo die großen Todeszahlen sind. Dort sei das Geld besser aufgehoben als bei diesen wenigen Leukämiefällen.

> Bei einer schmutzigen Bombe wären die Effekte hauptsächlich psychologischer Art

Wie kann man etwas ausschließen, wenn man es nicht genau versteht? Also zum einen wissen wir, dass nicht nur ionisierende Strahlung Leukämie auslösen kann. Es gibt zahlreiche andere Faktoren, die hierzu im Verdacht stehen. Unter anderem Viren, bestimmte Nährstoffe, bestimmte Chemikalien. Das ist immer ein multifaktorielles Geschehen. Und dabei kann Strahlung natürlich – vor allem im höheren Dosisbereich – eine Rolle spielen, nur die Strahlung, die in der Umgebung von Kernkraftwerken auftritt, könnte das nicht erklären. Wir müssten sonst mit unseren ganzen Risikofaktoren völlig danebenliegen, wenn diese minimale Strahlendosis ausreichen würde, die Fälle zu erklären. In der Studie war es ja nicht so, dass die Kontrollkinder ganz woanders gewohnt hätten. Die haben ja auch in der Umgebung von Kernkraftwerken gewohnt. Die Studie hat ergeben, dass die Leukämiefälle etwas dichter – ein paar hundert Meter dichter – am Kernkraftwerk gewohnt haben, aber diese minimale Differenz (die ja noch weit unter den zehn Mikrosievert liegen muss, die ich vorhin genannt habe), müsste dann diese Fälle verursacht haben. Und das ist unvorstellbar. Wenn man daraus einen Risikofaktor errechnen würde und den auf die natürliche Strahlenexposition anwendet, hätten wir viel zu wenige Leukämien in Deutschland. Da muss also irgendetwas anderes eine Rolle spielen, und vielleicht die Strahlung ein ganz klein wenig dazu beitragen. Als entscheidender Faktor kommt sie nicht infrage in diesem Zusammenhang.

Was ist beispielsweise mit Betriebsstörungen, wo kleinere Mengen punktuell abgegeben werden? Es ist immer noch eine geringe Dosis, selbst wenn es punktuell ist. Die Grenzwerte werden ja eingehalten. Sonst wäre das ein Strahlenunfall, meldepflichtig usw., etwa wenn mehr als 50 Millisievert zustandekämen. Wenn also punktuell – nehmen wir ein Extrembeispiel – statt einem Millisievert zwei auftreten, wäre diese Dosis immer noch niedrig und läge weit in einem Bereich, in dem wir nichts nachweisen können. Bei 50 Millisievert, gut, da sollte man langsam vorsichtig werden – sowas sollte möglichst nicht auftreten – und genauer hinschauen, ob das wirklich nur 50 oder doch mehr gewesen sind. Also würde dieses Punktuelle ebenfalls noch im niedrigen Dosisbereich liegen.

Aber werden solche Messungen nicht immer über eine Fläche gemittelt erstellt? Ab und zu werden sogenannte Hotspots erwähnt, die problematisch sein sollen. Die können natürlich vorkommen, aber es wäre ein großer Zufall, wenn sich jemand gerade an einer solchen Stelle längere Zeit aufhält. Die Aufenthaltsdauer spielt immer auch eine große Rolle. Und selbst wenn gewisse Schwankungen da sind, mittelt sich das wieder heraus, wenn man nicht ständig an derselben Stelle steht. Diese Hotspots sind, wenn überhaupt, sehr lokal. Also eher

50 Zentimeter, nicht ein Kilometer. Und dann ist die Aufenthaltsdauer einfach viel zu kurz.

Verschiedene Organisationen wie z.B. die Internationale Atomenergie-Organisation IAEO befürchten, dass es zu terroristischen Anschlägen mit sogenannten schmutzigen Bomben kommen wird. Mit welchen Strahlenschäden ist dabei zu rechnen?
Nach allem, was wir auf dem Gebiet »schmutziger Bomben« wissen, ist es so, dass – so merkwürdig es klingen mag – die psychologischen Effekte die Hauptrolle spielen werden. Man kann ganz sicher sein, dass – egal wie hoch die Dosen sind – es zu Ängsten kommen wird, sobald der Bevölkerung klar wird, dass Radioaktivität freigesetzt worden ist. Da reichen wahrscheinlich ganz geringe Mengen, die man gerade so mit empfindlichen Messinstrumenten nachweisen kann. Vorabuntersuchungen haben gezeigt, dass es kaum möglich ist, eine Bombe so zu konstruieren und mit so viel Radioaktivität zu versorgen, dass wirklich ein Strahlenproblem auftritt. Es ist ungeheuer schwierig, so etwas herzustellen. Man muss enorm viel Fachwissen haben, weil man sich sonst so massiv selbst gefährdet, dass man wahrscheinlich vor Ende des Baus selbst stirbt. Man muss sehr aufpassen, wenn man etwas zusammenbauen will, das wirklich einen Strahleneffekt hat. Für einen psychologischen Effekt reicht wenig. Aber massiv Strahlenschäden auszulösen, dazu braucht man so viel Know-how, wie es auf der Welt nur ganz wenige haben.

Haben Sie sich selbst schon einmal kontaminiert?
Hier im Institut, wo ich seit dreißig Jahren bin, hat es noch nie einen Strahlenunfall gegeben. Es gab ein einziges Mal eine Kontamination des Bodens, als einer Mitarbeiterin ein Gefäß umgekippt ist. Es war zum Glück nur Phosphor 32, das den Vorteil einer Halbwertszeit von nur 14 Tagen hat und als Betastrahler leicht durch Plastik abschirmbar ist. Wir haben schlicht den Boden mit Folie abgedeckt und gar nicht versucht, es wegzuwischen. Dann haben wir zehn Halbwertszeiten gewartet, bis es weg war. Aber im Allgemeinen müssen natürlich bestimmte Regeln eingehalten werden: nicht essen und trinken, Schutzhandschuhe, Schutzkleidung usw.

Bei Strahlung wird häufig auch die Einheit Becquerel verwendet, die radioaktive Zerfälle pro Sekunde beschreibt ... Im Zusammenhang mit Tschernobyl wurde häufig von Becquerelwerten geschrieben. Journalisten lieben diese Werte heiß und innig, weil sie so schön hoch sind. Das macht natürlich etwas her, wenn vorher auf dem Spielplatz 100 Becquerel pro Quadratmeter waren und dann sind es plötzlich 5000. Da wird jeder sofort sagen, das ist ja furchtbar. Das kann sein, muss aber nicht. Man muss genau hinsehen, welcher Strahler die Becquerelwerte bewirkt und eine ganze Reihe weiterer Faktoren ermitteln, bevor man wirklich etwas zur Dosis sagen kann. Deshalb waren ja viele auch so überrascht, als in Nordrhein-Westfalen die natürliche Strahlenexposition im Jahr nach Tschernobyl von einem Millisievert lediglich auf 1,05 Millisievert angestiegen ist. Das wurde häufig überhaupt nicht geglaubt, aber genau das war der Fall. Ein Anstieg von fünf Prozent.

> Journalisten lieben Becquerelwerte heiß und innig

Die Schwierigkeit liegt darin, von Becquerelwerten auf Strahlenrisiken zu schließen. Das geht nicht. Entscheidend ist die Strahlen*dosis*, die entweder in Gray oder in Sievert angegeben wird. Die Becquerelwerte signalisieren zwar, dass radioaktive Zerfälle vor sich gehen, sagen aber zum Strahlenrisiko nichts, weil das ganz wesentlich davon abhängt, welcher Art diese Strahlung ist, ob sie von außen einwirkt oder in den Körper gelangt bzw. ob sie eingeatmet, gegessen oder über die Haut aufgenommen wird. Und es hängt ganz wesentlich davon ab, wie alt man ist. Kinder etwa haben nach denselben Becquerelwerten andere Strahlendosen als Erwachsene – häufig höher, aber nicht immer. Es ist ungeheuer schwierig, von Becquerelwerten auf Strahlendosen zu schließen. Es gibt dicke Handbücher dazu, in denen man auf tausenden von Seiten die Information erhält, mit der man die Strahlendosis ermitteln kann. Und nur die ist entscheidend für das Strahlenrisiko.

Prof. Dr. Wolfgang-Ulrich Müller wurde 1948 in Witten geboren. Er ist seit über dreißig Jahren als Strahlenbiologe tätig und insbesondere auf Strahlenschutzfragen spezialisiert – inwiefern also für den Menschen Risiken nach Einwirkung ionisierender Strahlung bestehen. Der promovierte Biologe absolvierte seine Habilitation im Fach Strahlenbiologie an der Universität Essen, wo er am Institut für medizinische Strahlenbiologie tätig ist. Seit vielen Jahren ist Müller Vorsitzender bzw. stellvertretender Vorsitzender der deutschen Strahlenschutzkommission.

Florian Emrich, Öffentlichkeitsarbeit im Atommüllendlager

Wir befinden uns mehr als 500 Meter tief unter der Erde im Endlager für schwach- und mittelradioaktiven Abfall Morsleben. Florian Emrich, der als Pressesprecher für das zuständige Bundesamt für Strahlenschutz arbeitet, führt uns in Schutzkleidung durch die vierte Sohle des alten Salzbergwerkes, in der seit 1978 Atommüll eingelagert wurde. Durch eine Öffnung im Gestein blicken wir in einen monumentalen Hohlraum hinunter, in dem tausende Fässer mit Atommüll übereinandergestapelt sind.

Emrich: Was man hier sieht, sind schwachradioaktive Abfälle. Es sind die letzten Abfälle, die in Morsleben eingelagert wurden. Nur in dieser Kammer sehen wir noch offene, nicht verfüllte Abfälle. In der Regel hat man die Fässer gestapelt, bis auf die mittelaktiven Abfälle, die hat man verkippt bzw. verstürzt, das heißt, die Abfallbehälter wurden über eine Rampe oder einen Schacht in einen Hohlraum fallen gelassen.
Wie viele Schichten Fässer sind hier ungefähr? Die Fässer sind in mehreren Reihen gestapelt. Man gibt den Abfall in der Regel in Kubikmetern an. In dieser Kammer sind 6000 Kubikmeter eingelagert.
Und woher stammt dieser Müll? Eingerichtet wurde das Endlager ursprünglich von der DDR. Etwa 40 Prozent sind tatsächlich auch zu DDR-Zeiten eingelagert worden, 60 Prozent nach der Wende, vor allem 1991 und von 1994 bis 1998. Insgesamt haben wir hier etwa 37000 Kubikmeter Abfälle. Der Großteil stammt aus Kernkraftwerken, ostdeutschen wie westdeutschen. Zu geringeren Teilen lagern hier auch Abfälle aus der Forschung und der Industrie sowie von der Bundeswehr, die auch radioaktive Abfälle produziert. Es ist aber eine verbreitete Mär, dass viele Abfälle aus der Medizin kämen – das ist nur ein geringer Bruchteil. Bei heutigen radioaktiven Abfällen haben weniger als 0,5 Prozent überhaupt etwas mit Medizin zu tun. Der Großteil der Abfälle kommt aus Kernkraftwerken, und zwar alles, was radioaktiv leicht kontaminiert ist, also keine Brennelemente.
Und in den gelben Fässern? Sind darin, laienhaft gefragt, auch Putzlappen? Unter anderem. 40 Prozent der Fässer sind allerdings mit Beton aus radioaktivem Wasser gefüllt. Im Kernkraftwerk haben Sie ja viele Abwässer – zum einen das Kühlwasser, das immer wieder durch den Reaktor gepumpt wird. Es muss irgendwann entsorgt werden; ebenso die Filterschlämme, die im Kühlkreislauf eines Kernkraftwerks entstehen. Zum anderen werden kontaminierte Teile gereinigt; auch dadurch hat man radioaktives Wasser. Das muss für die Endlagerung verfestigt, also quasi einbetoniert werden.
Und was ist in den grauen Fässern enthalten? Ähnliches wie in den gelben, nur mit höherer Strahlung. Deswegen haben sie eine extra Abschirmung aus Beton drumherum.
Sie sagten vorhin, die mittelradioaktiven Abfälle wurden hier verstürzt? Ja, die mittelaktiven Abfälle hat man verstürzt, weil sie eine höhere Strahlung haben. Man hat das wohl getan, weil es im Handling einfacher ist und weniger Abschirmmaßnahmen notwendig sind. Den mengenmäßig weitaus größeren Teil der schwachradioaktiven Abfälle hat man gestapelt, zumindest in Morsleben. Im Atommüllendlager Asse zum Beispiel hat man sie größtenteils verstürzt und verkippt.
Gehen beim Verkippen nicht Fässer kaputt? Bei der Endlagerung soll nicht das Fass die Langzeitabschirmung bieten, sondern das die Abfälle umgebende Wirtsgestein. Man muss also sicherstellen, dass aus dem Endlager über lange Zeit keine

Radioaktivität austritt. Wenn man die Abfälle wieder herausholen möchte, wird die Rückholung durch das Verkippen aber schwieriger, wenngleich nicht prinzipiell unmöglich. Das ist eine der Fragen, die bei der Asse diskutiert werden, weil da Abfälle größtenteils verkippt wurden. Ob man die Abfälle zurückholt, wird jetzt untersucht.

Und die Größe der Hohlräume war immer so? Generell ist es das Problem von alten Bergwerken – hier wurde ja kommerziell Salz abgebaut –, dass die Hohlräume recht groß sind. In Morsleben gibt es davon ziemlich viele in unterschiedlichen Bereichen und in unterschiedlicher Größe. Somit hat man viele potenzielle Wegsamkeiten für Wasser oder für die Radionuklide, um herauszukommen. Das möchte man bei einem Endlager nicht, weshalb man dieses hier heute auch nicht mehr genehmigen würde. Es wurde ja auch nicht nach Atomrecht genehmigt, sondern man hat nach der Wiedervereinigung die alte Betriebsgenehmigung der DDR übernommen. Und jetzt versuchen wir, es zu schließen – nach Atomrecht und indem wir nachträglich die langfristige Sicherheit für die Menschen und die Umwelt herstellen. Alte Bergwerke saufen irgendwann ab, wenn man nichts tut. Das heißt, man hat ein Stabilitätsproblem. Es könnte theoretisch Wasser eindringen, was man verhindern muss, indem man zusätzliche, technische Barrieren einbaut, um das Bergwerk auf lange Sicht so dicht zu machen, dass keine radioaktiven Abfälle herauskommen.

Wir veranschlagen 2,2 Milliarden. Die Energieversorger beteiligen sich nicht an der Stilllegung

---

Womit wird das Bergwerk dicht gemacht? Generell werden die Räume, in denen Abfälle enthalten sind, mit Salz oder Asche verfüllt, damit keine Salzbrocken von den Decken fallen und die Abfälle beschädigen können. Das Bergwerk selbst stabilisieren wir derzeit mit Salzbeton. Wir füllen also große Hohlräume in einem Bereich, wo das Bergwerk besonders durchlöchert ist, aus. Bei der späteren Schließung werden weitere Bereiche großflächig mit Salzbeton oder Salz verfüllt. Um die Einlagerungskammern werden zusätzliche Barrieren errichtet und die Schächte werden abgedichtet. Das sind also die zentralen Punkte, die wir als Bundesamt für Strahlenschutz durchführen müssen: erstens das Bergwerk stabilisieren, zweitens ein ordentliches, atomrechtliches Schließungsverfahren durchführen. Entscheidend ist dabei auch, einen Langzeitsicherheitsnachweis zu erbringen, bevor man mit der Schließung beginnt.

Was ist im Vergleich zu Gorleben der Unterschied hier in Morsleben? Gorleben und Morsleben kann man nicht vergleichen, aus verschiedenen Gründen. Beides sind zwar Salzstöcke in tiefengeologischen Schichten, also mehrere hundert Meter unter der Erde. Gorleben allerdings wurde für alle Arten von radioaktiven Abfällen angeschaut, insbesondere auch für hochradioaktive Abfälle. Morsleben nicht. Hier lagern schwach- und mittelradioaktive Abfälle.

Der entscheidende Unterschied ist, dass Gorleben ein Salzstock ist, in dem man keinen kommerziellen Salzabbau betrieben hat – der also noch unberührt ist. Man hat eigens Erkundungsstrecken aufgefahren. Dagegen ist Morsleben ein altes, stark durchlöchertes Bergwerk, in dem bereits Abfälle lagern. Ob Gorleben überhaupt als Endlager geeignet ist, kann man noch gar nicht sagen. Dazu braucht man noch mindestens 15 Jahre Zeit für Untersuchungen. Bei Morsleben ist mittlerweile bekannt, dass man es als Endlager nach heutigem Standard nicht genehmigen würde.

Aber jetzt ist es ja trotzdem ein Endlager. In den Medien heißt es oft, es gäbe kein Endlager in Deutschland. Die Diskussion bezieht sich vor allem auf ein Endlager für hochradioaktive Abfälle. Es gibt in Deutschland und auch weltweit noch kein derartiges Endlager. Kein Land hat dieses Problem bisher gelöst. Es gibt mehrere Länder, die an einer Lösung arbeiten. Man hat in Deutschland allerdings für schwach- und mittelradioaktive Abfälle zum einen Morsleben, das zuerst von der DDR betrieben wurde und später auch von der Bundesrepublik. Man hat die Asse, die als Forschungsbergwerk galt, in der aber de facto ebenfalls Abfälle eingelagert wurden. Und dann gibt es eine neue Entwicklung, nämlich Schacht Konrad. In Zukunft werden wir dort ein richtiges, nach Atomrecht genehmigtes Endlager für schwach- und mittelradioaktive Abfälle haben. Hierfür hat man dann in Deutschland das Problem gelöst. Nach wie vor ungelöst ist die Frage der Endlagerung hochradioaktiver Abfälle.

Ist Schacht Konrad also vergleichbar mit Morsleben? Nein, denn Konrad wurde nach Atomrecht genehmigt, das heißt, man musste vorher zeigen: »Wir können die Anlage sicher betreiben und die Langzeitsicherheit über hunderttausende von Jahren nachweisen«. In Konrad werden komplett neue Hohlräume und neue Strukturen gebaut, speziell für die Endlagerung. Das heißt, man hat nicht dieses Problem eines wie ein Schweizer Käse durchlöcherten Bergwerkes wie hier. Außerdem ist Konrad kein Salzbergwerk, sondern eine Erzformation mit einer dicken Tonschicht darüber.
Vom Inventar her wird es aber ähnlich sein? Ja, es sind schwach- und mittelradioaktive Abfälle. Die

Ein Bergwerk, durchlöchert wie ein Schweizer Käse

Abfälle, die in Konrad eingelagert werden, machen vom Volumen her einen Großteil unserer radioaktiven Abfälle aus, allerdings nur mit einem minimalen Bruchteil der Radioaktivität – etwa 0,1 Prozent. Der große Rest steckt in den hochradioaktiven Abfällen, also den Brennelementen aus den Reaktoren und den Abfällen aus der Wiederaufarbeitung.
Und in Morsleben? Sind hier alle möglichen Strahler gemischt vorhanden? Also, man hat hier vor allem sehr viele Alphastrahler. Die können ohne aufwendige Abschirmung in den Abfällen lagern – im Gegensatz zu hochradioaktiven Abfällen. Diese haben sehr viel Gammastrahlung, die sehr, sehr aufwendige Abschirmung braucht, was man an den Castor-Behältern sieht. Das heißt nicht, dass diese schwachaktiven Abfälle ungefährlich sind.
Und die Dosisleistung, die auf dem Schild angegeben ist? Die bekommen wir hier nicht ab, weil wir etwas weiter weg stehen und es keine Gammastrahlung ist.
Wie wird die Sicherheit hier im Bergwerk kontrolliert? Und auch die Abluft? Es gibt eine spezielle Abluftüberwachung. Wir haben einen bestimmten Bereich im Bergwerk, die sogenannte vierte Sohle, in dem die Abfälle lagern. Dieser Bereich ist abgetrennt vom übrigen Bergwerk. Die Luft wird kontinuierlich überwacht, auch die, die nach außen geht. Und es gibt ganz klar festgelegte Grenzwerte, wie viel pro Jahr maximal hinausgelangen darf. Es gibt im Bergwerk verschiedene Überwachungsmechanismen, die man haben muss, etwa Messinstrumente für das radioaktive Edelgas Radon.
Wie wird weiter vorgegangen? Wie lange wird Morsleben die Gesellschaft noch beschäftigen? Das Genehmigungsverfahren dauert etliche Jahre; da muss immer Sicherheit vor Schnelligkeit gehen. Deshalb stabilisieren wir ja. Und dann dauert allein das Schließungsverfahren auf jeden Fall um die 15 bis 20 Jahre. Und wir können jetzt noch kein Datum nennen, wann die Schließung genehmigt wird, denn hier ist das Bundesamt für Strahlenschutz nicht Herr des Verfahrens.
Würde das Endlager nach einem Verschließen noch weiter überwacht? Ziel ist, dass das ganze Bergwerk so sicher verschlossen wird, dass keine Radionuklide nach außen gelangen können, auf lange Sicht. So, dass man es nicht mehr über Generationen warten und überwachen muss.
Was sind die Gesamtkosten für das Verschließen von Morsleben? Wir veranschlagen derzeit 2,2 oder 2,3 Milliarden Euro bis zur Schließung. Bisher wurden rund 700 bis 800 Millionen Euro ausgegeben. Den Großteil der Kosten trägt der Steuerzahler. Das Bergwerk Morsleben wurde nach der Wende vom gesamtdeutschen Staat übernommen. Die Energieversorger, die den Großteil der Abfälle hier eingelagert haben, haben eine Pauschale bezahlt, beteiligen sich aber nicht an der Stilllegung.

Das Endlager für radioaktive Abfälle in Morsleben befindet sich in einem alten Salzbergwerk, in dessen Schächten »Marie« und »Bartensleben« im ersten Viertel des 20. Jahrhunderts Kali- und Steinsalz gefördert wurde. Die großen, durch den Salzabbau entstandenen Hohlräume des Schachtes »Marie« nutzte das Militär ab 1937 als Luftwaffenmunitionsanstalt. In den letzten Kriegsjahren wurde auch »Bartensleben« mit Rüstungsproduktion belegt – neben Angestellten mussten Zwangsarbeiter und KZ-Häftlinge feinmechanische Geräte für Flugzeuge, U-Boote und Raketen produzieren. Ab Ende der 1950er Jahre beherbergte »Marie« eine Hühnerzucht. Die »Broilermast« existierte bis 1983. Als weitere Grubennachnutzung wurde bis 1990 Giftmüll eingelagert, der anschließend wieder ausgelagert wurde. Im Schacht »Bartensleben« begann man 1978 mit der Einlagerung von schwach- und mittelradioaktivem Abfall aus den DDR-Kernkraftwerken Rheinsberg und Greifswald. In den Nachwendejahren wurde das Lager von der bundesrepublikanischen Kernkraftindustrie intensiv weitergenutzt, die für die Einlagerung zwischen 1994 und 1998 von insgesamt 22 230 Kubikmeter schwach- und mittelradioaktiven Abfall 138 Millionen Euro bezahlte. Unser Gesprächspartner Florian Emrich ist Pressesprecher im Bundesamt für Strahlenschutz.

Martin Weishaupt, Wiederaufarbeitung in Karlsruhe

Die Entsorgung abgebrannter Brennelemente ist eine der großen Problematiken der Kernenergie. Lange vor Gorleben und Wackersdorf wurde im Kernforschungszentrum Karlsruhe eine Versuchsanlage zur Wiederaufarbeitung von Kernbrennstoffen (WAK) gebaut. Als Überbleibsel entstand eine stark toxische, sich selbst erhitzende, hochradioaktive Abfallflüssigkeit, die über zwei Jahrzehnte gekühlt, gerührt und überwacht werden musste. Im holzvertäfelten Besprechungsraum der streng gesicherten Pilotanlage treffen wir Dr. Martin Weishaupt. Er arbeitet bei der WAK seit 1977, zuletzt als Betriebsleiter.

Wer waren die Initiatoren für die Wiederaufbereitung in Deutschland? Was waren die Motive? Mehrere europäische Partner begannen 1957 mit dem Aufbau einer Versuchsanlage zur Wiederaufarbeitung im belgischen Mol. Diese Anlage namens Eurochemic nahm 1968 ihren Betrieb auf. Aber schon Mitte der 1950er Jahre gab es Überlegungen, eine eigene deutsche Anlage zu bauen, unter Federführung und auf Initiative der deutschen chemischen Industrie. Das waren im Wesentlichen die Firmen Höchst, Nukem und Gelsenberg, die sich an die Front begeben haben, um eine eigenständige deutsche Wiederaufarbeitungsanlage zu bauen. Damals versprach man sich hiervon noch ein zukunftsträchtiges und letztendlich auch profitables Geschäft. Die Wiederaufarbeitungsanlage wurde dann in den 1960er Jahren als eigenständige deutsche Lösung in Karlsruhe auf dem Gelände des noch jungen Kernforschungszentrums gebaut. 1971 ging diese Versuchsanlage in Betrieb.

Dazu plante man für die Industrie eine kommerzielle Wiederaufarbeitungsanlage in Gorleben, die aber vom damaligen Ministerpräsidenten Albrecht aufgegeben wurde mit der Begründung »technisch machbar, politisch nicht durchsetzbar«. Das gilt ja noch heute für viele Projekte, nicht nur nuklearer Art. Gorleben wurde also als Standort aufgegeben und nach einigen Zwischenschritten ging die Planung – deutlich kleiner nun – in Richtung Wackersdorfer Anlage. Auch dies scheiterte, weil im Jahr 1990/91 die kommerzielle Wiederaufarbeitung in Deutschland komplett eingestellt wurde. Und damit war diese Technologie in Deutschland ein aussterbendes Unternehmen.

Die chemische Industrie war zu diesem Zeitpunkt schon länger nicht mehr im Boot. Ich glaube, im Jahr 1978 waren die deutschen Energieversorger in die Wiederaufarbeitung eingestiegen, weil die kommerziellen Reaktoren dringend eine Entsorgungsmöglichkeit benötigten. Die damaligen gesetzlichen Regelungen hatten noch nicht zugelassen, was später aber möglich wurde, nämlich die Entsorgung über Wiederaufarbeitungsverträge mit dem Ausland. So kamen dann die Verträge etwa mit Sellafield und La Hague zustande, abgebrannte Brennelemente aus deutschen Reaktoren quasi im Lohnauftrag aufzuarbeiten. Damit hatten die Energieversorger ihre Entsorgungsverpflichtung nachgewiesen und es war auch unter gesamtwirtschaftlichen Betrachtungen der Bedarf in Deutschland nicht mehr gegeben. So wurde das Projekt kommerzielle Wiederaufarbeitung in Deutschland komplett aufgegeben.

Als Sie 1977 hierherkamen, war das noch anders... Das war in der Phase der Planung für Gorleben bzw. später Wackersdorf. Es gab damals Vorstellungen, die Anlage hier in Karlsruhe noch längere Zeit zu betreiben, als Schulungsobjekt sozusagen für eine größere Anlage, sodass die Zukunft für die Beschäftigten hier längerfristig gesichert schien.

Das hat sich dann mit dem Aus für die deutsche Wiederaufarbeitung schlagartig geändert. Der Entschluss, die Anlage hier stillzulegen und auch abzubauen, kam sehr schnell.
Die neue Aufgabe des Abbaus der Anlage hat dann doch größere planerische Probleme bereitet. Die Stilllegung war ja erst in ferner Zukunft geplant gewesen. Und im Nachhinein muss ich sagen, dass es mindestens genauso anspruchsvoll ist, eine solche Anlage stillzulegen und abzubauen, wie sie zu bauen und in Betrieb zu nehmen. Dementsprechend gehen die Arbeiten auch nicht so schnell, wie man sich das manchmal vorstellt, weil beim Rückbau solcher mit radioaktiven Stoffen verunreinigten chemischen Anlagen doch erhebliche Vorsorgemaßnahmen getroffen werden müssen.
Nochmals zu Ihrer eigenen Lebensgeschichte… Ich kam zur Wiederaufarbeitung auf der Suche nach einem zukunftsfähigen Job. Für Chemiker gibt es jede Menge denkbarer Möglichkeiten. Ich hatte damals die Wahl zwischen Universität, Lebensmittelindustrie und Kerntechnik. Es war reiner Zufall, dass ich wieder hierher nach Karlsruhe kam. Natürlich hat auch der schnöde Mammon eine Rolle gespielt. Nach einigen Jahren mit Forschungsaufgaben bin ich in den eigentlichen chemischen Betrieb der Anlage übergewechselt. Meine persönlichen Planungen sahen damals vor, dass ich zum Team der Anlage in Wackersdorf gehört hätte. Das war quasi über Nacht obsolet.
War das Aus nach den gewaltigen Investitionen hier nicht extrem frustrierend? Klar, eine gewisse depressive Phase gab es schon. Das lässt sich nicht abstreiten. Es gab auch Versuche, das Ganze noch herumzureißen. Aber die Entscheidungen waren so knallhart fixiert, dass nichts zu ändern war.
War Karlsruhe damals die einzige Option als Standort für eine Pilotanlage? Das Kernforschungszentrum hier wurde ja um 1955/56 gegründet, mit dem Ziel, die Kerntechnik in Deutschland allgemein voranzubringen. Es gab damals auch politische Überlegungen, dieses Kernforschungszentrum in der Nähe von München zu bauen, wo es damals schon universitäre Einrichtungen gegeben hat, die sich mit Kernforschung und Kerntechnik beschäftigten. Letztlich fiel der Entschluss, vielleicht auch unter Strukturgesichtspunkten, es dem deutschen Südwesten zu geben. In Deutschland gab es für die Versuchsanlage eigentlich keine großen Standortdiskussionen, denn sie sollte primär dafür sorgen, die Forschungsreaktoren von verbrauchtem Kernbrennstoff zu entsorgen. Hier auf dem Gelände standen damals schon zwei Forschungsreaktoren, von denen einer eine Zwischenstufe zwischen Forschungs- und Leistungsreaktor war.
Konnten hier Brennelemente jeden Reaktortyps aufgearbeitet werden? Nein, die Pilotanlage war nur für Brennstofftypen der in Deutschland am meisten verbreiteten Leichtwasserreaktoren ausgelegt, die oxidische Brennstoffe wie Uranoxyd benutzen. Für die Wiederaufarbeitung dieser Brennstoffe benutzt man weltweit ein nasschemisches Verfahren, den sogenannten PUREX-Prozess, bei dem der Brennstoff zunächst chemisch aufgelöst wird, in aller Regel mit konzentrierter Salpetersäure. Die Grafitkugeln, die beispielsweise dem Kugelhaufenreaktor in Hamm-Uentrop als Brennstoff dienten, erfordern eine ganz andere Aufarbeitungstechnologie. Beim PUREX-Prozess werden per Extraktionsverfahren die Spaltprodukte abgetrennt von Uran und Plutonium, die man ja wiedergewinnen möchte. Man nutzt dabei die Eigenschaft verschiedener chemischer Verbindungen, bevorzugt in eine organische Phase überzugehen. Je nach gewählten physikalischen Bedingungen bleiben zum Beispiel die unerwünschten Stoffe in der wässrigen Phase und die gewünschten gelangen in die organische. Damit lässt sich eine chemische Reinigung erreichen, die aber, wie nahezu alle technischen Prozesse, nicht hundertprozentig verläuft. Man muss also viele solcher Schritte hintereinander anwenden, bis man den gewünschten Reinheitsgrad erreicht hat.

> Die chemische Industrie versprach sich ein zukunftsträchtiges Geschäft

Man erhält also zwei Flüssigkeiten, eine mit Brennstoff – Uran und Plutonium – und eine mit Spalt- bzw. Abfallprodukten? Ja, bei der chemischen Wiederaufarbeitung habe ich dann eine wässrige Lösung, die die Spaltprodukte enthält, und eine andere, organische mit Uran und Plutonium. Durch Wechsel der chemischen und physikalischen Bedingungen können Uran und Plutonium wieder in die wässrige Phase zurückextrahiert werden. So wird zuerst der eine und dann der andere Stoff herausgeholt.
Und als andere Komponente bleiben die Spaltstoffe,

die ja sehr schwierig zu handhaben sind? Die wässrige Lösung, in der die radioaktiven Spaltprodukte aus der Kernspaltung enthalten sind, werden in der Verglasungsanlage in eine langzeitstabile Form überführt. Dabei wird die Eigenschaft von Glas genutzt, verschiedene Fremdatome in eine Struktur einzubinden. Die Abfallstoffe werden also nicht etwa in einen Glasbehälter gefüllt, sondern mit flüssigen Glas vermischt. Diese Mischung erstarrt in einem Edelstahlbehälter. Glas selbst ist eine chemisch äußerst langzeitstabile Verbindung, also langzeitsicher und unempfindlich gegen viele Einwirkungen von außen. Und, wie man aus vielen Experimenten weiß, resistent sogar gegen konzentrierte Salzlaugen, wie sie in einem Salzbergwerk als Endlager unter Umständen auftreten könnten.
Woher stammen die Stoffe, die Sie verglasen? Wir dürfen hier in der Verglasungsanlage ausschließlich die Abfalllösungen verarbeiten, die aus dem früheren Betrieb der Wiederaufarbeitungsanlage hier vor Ort entstanden sind. Das heißt, wenn die hier lagernden 60 Kubikmeter Abfalllösung verglast sind, werden wir direkt in die Stilllegung und den Abbau der Anlage übergehen.
Ist der einzige Zweck die Verarbeitung der hier lagernden Abfälle oder hat das Prototypfunktion? Die primäre Aufgabe ist wirklich ausschließlich die Entsorgung dieser Abfalllösungen, weil ohne diesen Schritt ein weiterer Rückbau auf diesem Gelände keinen großen Sinn macht. Auf der anderen Seite ist es natürlich so, dass die Erfahrungen, die man mit dem Betrieb einer solchen Anlage gewinnt, international durchaus vermarktbar sind. So gibt es einen ersten Vertrag mit chinesischen Partnern, um in China eine Anlage zu bauen, die hochradioaktive Abfälle ebenfalls verglasen soll. Es gibt solche Abfalllösungen vielfach und weltweit, insbesondere bei den Staaten, die ein Kernwaffenprogramm haben und die natürlich auch vor der Aufgabe stehen, vorhandene oder künftig entstehende hochradioaktive Abfalllösungen in eine sichere, endlagergeeignete Form zu bringen.
Also etwa Frankreich. Sind die Spaltprodukte, die aus der Wiederaufbereitungsanlage La Hague in Castoren nach Deutschland zurückkommen, auch verglast? Ja, das sind verglaste Abfälle. Sie sind sozusagen das Endergebnis der mit den französischen Partnern geschlossenen Wiederaufarbeitungsverträge. Das heißt, die Brennelemente aus deutschen Reaktoren wurden nach Frankreich oder England zur Wiederaufarbeitung geliefert, Uran und Plutonium rückgewonnen und die Spaltproduktlösungen verglast. Vertragsgemäß kommen diese verarbeiteten Abfälle dann wieder nach Deutschland und werden zwischengelagert, bis ein Endlager zur Verfügung steht.
Woher stammt der abgebrannte Nuklearbrennstoff, der hier in Karlsruhe aufgearbeitet wurde? Na gut, während der Betriebszeit der Pilotanlage der WAK wurden insgesamt 208 Tonnen Brennelemente ausschließlich aus deutschen Reaktoren wiederaufgearbeitet. Etwa zur Hälfte aus den hier auf dem Gelände befindlichen Forschungsreaktoren und die andere Hälfte aus Leistungsreaktoren wie zum Beispiel Obrigheim, Stade, Neckarwestheim etc. Die daraus gewonnenen Wertstoffe Uran und Plutonium hat man der Wiederverwendung zugeführt und die Spaltprodukte wurden in wässriger Lösung auf unserem Gelände gelagert.
Und die Spaltprodukte lagern jetzt noch hier? Die Abfalllösung – insgesamt 60 Kubikmeter – wird derzeit in zwei Edelstahlbehältern gelagert. Sie muss in diesen Behältern ständig gekühlt werden, weil durch den radioaktiven Zerfall Wärme entsteht, sie also selbsterhitzend ist. Sie wird ständig homogenisiert, also gerührt, um Absetz- und Ablagerungsvorgänge etc. zu vermeiden, und regelmäßig analytisch untersucht, um sicherzustellen, dass es keine chemischen Veränderungen gegeben hat. Abgesehen vom radioaktiven Zerfall.
Was ist auf dem Areal der WAK zukünftig geplant? Wie lange wird die hochaktive Flüssigkeit bleiben? Aktuell sind die Vorbereitungen für die Umwandlung des hier lagernden Flüssigabfalls in der Verglasungseinrichtung in eine entscheidende Phase getreten. Die Verglasung der Flüssigkeit wird rund 18 Monate dauern. Wenn diese Aufgabe erledigt ist, können die Rückbauarbeiten weitergeführt werden, mit dem Ziel, sämtliche Einrichtungen und Gebäude hier auf dem Gelände zu entfernen und den ursprünglichen Zustand wiederherzustellen, was etwa 2020 der Fall sein wird. Ursprünglich war hier mal Wald, der sogenannte Hardtwald, wie im ganzen Bereich des Forschungszentrums. Diesen Zustand wiederherzustellen ist momentan Projektziel.

Dr. Martin Weishaupt, Jahrgang 1949, wuchs in Baden-Baden auf, studierte Chemie in Karlsruhe und promovierte in Tübingen. Er arbeitete in der Wiederaufarbeitungsanlage Karlsruhe zunächst in Forschung und Entwicklung, später in der Betriebsleitung und als technischer Anlagenleiter. Ab 2000 war Weishaupt verantwortlich für Inbetriebnahme und Betrieb der Verglasungsanlage VEK.

Ingo Großhans, Reaktorphysiker

Als Physiker im Kernkraftwerk Gundremmingen befasst sich Dr. Ingo Großhans mit dem nuklearen Brennstoff und seinem Einsatz im Reaktor. Unser Gespräch findet im Trockenlager für Brennelemente – der sogenannten Schatzkammer – im inneren Reaktorgebäude statt. Hier nimmt Herr Großhans in Griffweite der übermannshohen Brennstäbe Platz, die zum Einsatz im Reaktor bestimmt sind. Im Verlauf des Gesprächs zeichnen unsere Dosimeter eine geringe Dosis Strahlung auf, die von ihnen ausgeht. Herr Großhans präsentiert zwischen seinen Fingern ein Metallstück.

Großhans: Wir haben hier eine Brennstofftablette – eine Attrappe, aber exakt in der realen Größe. Jedes Brennelement enthält ungefähr 30 000 solcher Tabletten, mit einem Gewicht von sechs bis sieben Gramm. Mit einer Brennstofftablette kann so viel elektrische Energie erzeugt werden, wie ein Durchschnittshaushalt im Jahr benötigt. Das heißt, ein Brennelement erzeugt so viel Strom, wie rund 30 000 Haushalte im Jahr verbrauchen.

Was für einen Brennstoff verwenden Sie hier in Gundremmingen? Wir verwenden verschiedene Arten von Brennstoff. Zum einen Uranbrennstoff, also angereichertes Uran. Zum anderen kommen sogenannte Mischoxid-Brennelemente zum Einsatz. Dabei handelt es sich um das bei der Wiederaufarbeitung von abgebrannten Brennelementen abgetrennte spaltbare Element Plutonium, welches zusammen mit abgereichertem Uran bzw. Natururan zu Brennelementen verarbeitet und ebenfalls wieder im Reaktor eingesetzt wird. Außerdem verwenden wir noch »Enriched-Uranium-Brennelemente«.

Es gibt also verschiedene Brennelemente, die vermischt im Reaktor eingesetzt werden? Wir haben verschiedene Hersteller, die uns beliefern. Wichtig dabei ist die Einhaltung der hohen Qualitätsstandards, die wir an die Fertigung der Brennelemente stellen. Dieser unterschiedliche Brennstoff wird miteinander gemischt und verträgt sich, das ist gar kein Problem.

Also die einen Brennelemente innen im Kern, die anderen außen? Nein, das spielt keine Rolle. Entscheidend ist bei uns die Einsatzplanung, wie die Brennelemente im Reaktorkern angeordnet werden, damit der Brennstoff möglichst effizient ausgenutzt wird.

Möglichst effiziente Brennstoffausnutzung – was bedeutet das? Wie erzielt man die? Es geht im Prinzip darum, die Neutronen, die bei der Kernspaltung entstehen, möglichst effizient wieder für den nächsten Spaltvorgang zu nutzen. Um das zu gewährleisten, werden Brennelemente mit hoher Leistung in der Mitte des Reaktorkerns angeordnet und die mit niedriger Leistung am Rand. So spart man Brennstoff. Jedes Kernkraftwerk hat dabei seine individuelle Brennstoffauslegung, die bei

Als »Enriched Reprocessed Uranium«-Brennelemente wird nuklearer Brennstoff bezeichnet, in dem Uran aus abgerüsteten Kernwaffen verwendet wird. Nach dem Ende des Kalten Krieges wurde ein großer Teil des überschüssigen Waffenurans für die Energiegewinnung verwertet. In Deutschland kommt in mehreren Kernkraftwerken Brennstoff aus russischen Atomwaffen zum Einsatz.

Der Markt für Nuklearbrennstoff wird von einer Reihe großer Hersteller bestritten. Die Kraftwerksbetreiber können nach Marktlage entscheiden, ob sie Brennelemente etwa bei General Electric, Westinghouse/Toshiba oder dem französischen Staatskonzern Areva kaufen.

der Brennelementfertigung berücksichtigt wird. *Das heißt, was wir hier sehen, sind keine Standardbrennelemente, die in allen Kernkraftwerken eingesetzt werden, sondern ganz spezielle für Ihr Kraftwerk...?* Wir haben hier ein typisches Zehnmal-zehn-Brennelement, das aus knapp hundert Brennstäben besteht. Es ist ein weltweit eingesetztes Standardprodukt, das für unsere speziellen Anforderungen angepasst wird.

Wie viele Brennelemente werden hier jährlich verbraucht? Wir verbrauchen in einem Zyklus 130 bis 140 Brennelemente. Die abgebrannten werden ausgeladen und frische eingeladen. Der Kern des Reaktors wird ein wenig umgeordnet, das heißt, die weiter abgebrannten Elemente werden mehr an den Kernrand und die frischen mehr in der Kernmitte angeordnet. Danach kann der nächste Zyklus beginnen.

Und wie lange bleiben die Brennelemente im Reaktorkern? Der Einsatz der Brennelemente im Reaktor beträgt durchschnittlich fünf Jahre. Anschließend werden sie in das Abklingbecken transportiert... *wozu man das Kraftwerk abschalten muss...* Ja. Am Ende eines Zyklus ist nicht mehr ausreichend Brennstoff vorhanden, sodass die Leistung des Reaktorkerns abnimmt. Dann wird das Kraftwerk für einen Brennelementwechsel abgeschaltet. Nach dem Öffnen des Reaktordruckbehälters werden die Brennelemente mithilfe einer Lademaschine unter Wasser gewechselt. Abgebrannte Brennelemente werden im sogenannten Abklingbecken aufbewahrt, neue Brennelemente nach einem exakt berechneten Beladeplan im Reaktor angeordnet.

Wie lange bleiben die abgebrannten Brennstäbe im Abklingbecken? Es geht darum, die sogenannte Nachzerfallswärme der abgebrannten Brennelemente abzuführen. Die resultiert aus den Spaltprodukten, die bei der Kernspaltung entstehen. Beim radioaktiven Zerfall der Spaltprodukte wird Wärme frei. Durch die Aufbewahrung der Brennelemente im mit Wasser gefüllten Abklingbecken sind diese nach zirka fünf Jahren soweit abgekühlt, dass sie wiederum unter Wasser über eine Schleuse in einen Transport- und Lagerbehälter geladen werden können. Ein abgekühltes Brennelement hat nur noch eine durchschnittliche Wärmeleistung von zirka 500 bis 700 Watt. Relativ niedrig also im Vergleich zu den fünf bis sechs Millionen Watt pro Brennelement während des Betriebs im Reaktor.

Und beim Brennelementwechsel arbeiten Sie am offenen Reaktor, abgeschirmt nur durch Wasser? Um die Strahlung wirkungsvoll abzuschirmen, reichen ein bis zwei Meter Wasser über den Brennelementen. Mit einer solchen Wasserüberdeckung kann gefahrlos an Brennelementen gearbeitet werden. Das hat mit der chemischen Zusammensetzung des Wassers zu tun. Für die Neutronenstrahlung ist der Wasserstoff wichtig und für die Gammastrahlung eher der Sauerstoff. Beides zusammen bringt eine effiziente Abschirmung.

Wie geht es nach der Lagerung im Abklingbecken mit den Brennelementen weiter? Wenn die Nachzerfallsleistung so weit abgeklungen ist, werden

---

Nach fünf Jahren sind die Brennelemente so weit abgekühlt, dass sie umgeladen werden können

---

die Brennelemente in einen Transport- und Lagerbehälter umgeladen. Ein solcher Castor-Behälter fasst 52 Stück. Das geschieht ebenfalls unter Wasser im Transportbehälterbecken. Anschließend wird der Castor-Behälter mit Primär- und Sekundärdeckel verschlossen. Nach Abschluss aller Prüfungen unter Aufsicht von Behörde und TÜV wird der Castor im Zwischenlager bis zum Abtransport in ein Endlager abgestellt.

Wo ist dieses Zwischenlager? Es befindet sich direkt hier auf dem Kraftwerksgelände. Mit dem Beschluss der rot-grünen Bundesregierung im Jahr 2002 wurden die Kernkraftwerksbetreiber verpflichtet, zusätzlich zu den bereits existierenden zentralen Zwischenlagern sogenannte standortnahe, dezentrale Zwischenlager zu errichten.

Wie viel kann das Zwischenlager aufnehmen, für wie viele Jahre? Wir haben Lagerkapazität für knapp 200 Castor-Behälter – genau so berechnet, dass es für die Gesamtlaufzeit des Kraftwerks reicht.

Wie ist man vor dem Transportstopp verfahren? Bis 2005 gab es zwei Entsorgungswege. Entweder der Weg der direkten Endlagerung: Dazu wurden die Behälter in die zentralen Zwischenlager nach Ahaus bzw. Gorleben transportiert. Oder der Transport der Castor-Behälter in die Wiederaufarbeitungsanlagen nach Frankreich und England. Bei der Wiederaufarbeitung von abgebrannten

Brennelementen werden die wiederverwertbaren Kernbrennstoffe Uran und Plutonium von den Abfallprodukten getrennt und gereinigt. Die Wertstoffe werden dann wieder der Brennelementfertigung zugeführt, sodass die daraus produzierten Mischoxid-Brennelemente wieder zur Energieerzeugung in die Reaktoren eingesetzt werden.

Sie sitzen hier ja neben dem neuen Kernbrennstoff, schon das ganze Gespräch über. Was die Strahlung angeht, machen Sie einen entspannten Eindruck. Das ist so, ja. Uran ist ein fast reiner Alphastrahler und lässt sich sehr gut abschirmen. Die Brennstofftabletten sind gasdicht und sicher in den Hüllrohren verschweißt, die die natürliche Strahlung zurückhalten. Erst später, wenn durch den Einsatz im Reaktor das Uran gespalten wird und daraus Spaltprodukte hervorgehen, entsteht starke Gammastrahlung, die das Hüllrohr durchdringen kann und die wirkungsvoll abgeschirmt werden muss. Die Abschirmung erfolgt durch mehrere Barrieren, zum Beispiel durch mehrere meterdicke Betonummantelungen.

Anfassen kann man die Brennstäbe aber nicht, sagen Sie. Im Prinzip könnte man sie schon anfassen, es ist nur so, dass die Brennelemente beim Hersteller von der Qualitätssicherung gereinigt abgenommen und in diesem Zustand geliefert wurden. Wir sollen sie nicht mehr anfassen, um Verunreinigungen zu vermeiden.

Welche Probleme können an Brennelementen auftreten? Gerade die Schäden an den Brennelementen sind ja häufig in der Diskussion. Im Reaktor befinden sich über 70 000 Brennstäbe, die dank sorgsamster Fertigung und spezifikationsgerechter Einsatzbedingungen einwandfrei funktionieren. Dennoch kann es zu einzelnen Defekten kommen. Kernkraftwerke sind allerdings auf solche Brennstabdefekte ausgelegt.

Und beim Abbrand, werden da auch Fortschritte erzielt? Höhere Abbrände werden durch eine entsprechend der Anreicherung längere Verweildauer der Brennelemente im Kern erzielt. Dadurch werden weniger Brennelemente in einem Zyklus benötigt, was auch weniger Abfall bedeutet.

Dr. Ingo Großhans gehört seit 2004 zur Mannschaft des Kernkraftwerks Gundremmingen. Er war dort zunächst als Referent für Reaktorpyhsik und später in leitender Funktion im Bereich Strahlenschutz tätig. Zum Aufgabengebiet des gelernten Physikers gehört auch, neue Forschungserkenntnisse für das Kraftwerk auszuwerten.

Helmut Heemann, Kraftwerksoperateur

Helmut Heemann war über viele Jahre einer der Schichtleiter im Kernkraftwerk Grohnde und ist heute deren Vorgesetzter. Ein Schichtleiter ist hier in etwa das, was der Kapitän auf einem Schiff ist: Er ist verantwortlich für das »Fahren« der Anlage. Sein Arbeitsplatz ist die Leitwarte, ein riesiger, fensterloser Steuer- und Überwachungsraum mit diversen Schalttafeln, Messeinrichtungen und Regelpulten. Heemann hat sich bereit erklärt, das Gespräch in der Notsteuerstelle zu führen, einem verbunkerten, meist verwaisten Kontrollraum abseits der zentralen Kraftwerksbereiche. Sie ist eine der Sicherheitseinrichtungen, über die nur neuere Kernkraftwerke in Deutschland verfügen. Von hier aus könnte das Kraftwerk gesteuert werden, wenn die eigentliche Leitwarte ausfiele.

Für welche Situationen im Kernkraftwerk ist diese Notwarte gedacht? Im Grunde existiert sie nur für den Fall, dass durch Teilzeitstörungen – kurz: Einwirkungen von außen – das Schaltanlagengebäude, in dem sich die Leitwarte befindet, nicht mehr zur Verfügung steht. Dann haben wir diese Notwarte, um die Anlage in einen sicheren Zustand zu überführen.

Was ist denn von hier aus nicht *möglich im Gegensatz zur eigentlichen Leitwarte?* Wir können keinen Leistungsbetrieb fahren. Etwa den Generator im Turbinenhaus nicht mit dem Netz synchronisieren und keine Leistungsänderung durchführen. Die Notsteuerstelle ist für uns wichtig etwa nach einer Reaktor- und Turbinenschnellabschaltung. Ab dann können wir hier weitere Maßnahmen einleiten – im Ernstfall ist das im Wesentlichen immer nur die Wärmeabfuhr aus dem Reaktor. Und den daran anschließenden Nachkühlbetrieb. Den können wir von hier steuern und einleiten.

Wie lange sind Sie selbst schon im Kernkraftwerk Grohnde dabei? Seit dem 1.10.1979. Ich bin ja im Bergbau groß geworden. Da habe ich zunächst mal meine Lehre begonnen und bin dann über den zweiten Bildungsweg, nach Abschluss des Studiums der Verfahrenstechnik, bei der »Kraftwerk Union« in Erlangen gelandet. Ab 1979 war ich dann hier und habe die Schichtleiterausbildung durchlaufen. Mit der Kritikalität unseres Reaktors, also mit Beginn des nuklearen Betriebs am 31.8.1984, war ich hier in Grohnde als Schichtleiter beschäftigt, bis 1989. Seither bin ich im Teilbereich Produktion und für den Schichtbetrieb verantwortlich, also für den Betrieb der Gesamtanlage.

Wie kamen Sie damals zur Kernkraft, war das Zufall? Mich hat das sehr interessiert, zumal ich ja auch beim Anlagenhersteller mit der Auslegung von Kernkraftwerken befasst war. Nach dreieinhalb Jahren bei der »Kraftwerk Union« wollte ich etwas anderes machen und habe versucht, in eine fertigzustellende Anlage zu kommen. Das war dann Grohnde.

> Wir werden gerne mit Piloten verglichen. Ich sehe das aber anders

---

Hat sich seit den 1970er Jahren etwas verändert an der Art, wie man zusammenarbeitet...? Nein, die Zusammenarbeit, den Teamgeist hier im Kraftwerk, finde ich ausgezeichnet. Ansonsten hätten wir wohl diese Produktionszahlen im Laufe der Zeit nicht erreichen können. Daran hat sich im Grunde nichts geändert. Wir sind ja im Grunde zum

Überwachen der Anlage da. Was sich verändert hat, ist die Rechnertechnik und der Workflow, der in den Anfangsjahren noch in Papierform lief.
Wenn man von außen kommt, hat man das Gefühl, dass die Anlage von allein laufen könnte. Als wir im Kontrollbereich in der Reaktorhalle in unmittelbarer Nähe des Kerns waren, befanden sich ansonsten keinerlei Personen dort. Die Überwachung der Energieproduktion findet ja auch von der Leitwarte aus statt. Und selbstverständlich ist die Anlage so ausgelegt, dass sie überwiegend automatisch betrieben werden kann. Nur Sollwertänderungen, was die Leistungsanforderungen aus dem Stromnetz angeht – wenn wir also unsere Stromproduktion drosseln müssen –, die müssen wir teilweise noch von Hand machen. Alles andere läuft mehr oder weniger automatisch.
Als Kraftwerksfahrer kontrolliert man ja eine Maschinerie mit einer enormen Energie und trägt dafür die Verantwortung. Hat man da das Gefühl wie in einem Jumbojet oder fühlt sich das eher abstrakt an? Wir werden gerne mit Piloten verglichen. Ich sehe das allerdings etwas anders, denn ein Pilot startet die Maschine, fliegt ein Ziel an und muss

---

Bei einer Schnellabschaltung muss man sich erst einmal darauf konzentrieren, was eigentlich passiert ist. Das weiß man nicht

---

wieder landen. Wir hingegen haben einen kontinuierlichen Betrieb, arbeiten im Dreischichtbetrieb à acht Stunden, und nach acht Stunden lande ich die Anlage nicht, sondern der Betrieb muss weitergehen. Und beim Piloten steckt sein Leben dahinter, wenn er die Maschine nicht sicher landet. Das ist hier ein bisschen anders.
Trotzdem gibt es doch auch hier Sicherheitsaspekte, die sehr wichtig sind. Ja, so etwas können wir am Simulator trainieren. Das machen Piloten auch. Von daher mag der Vergleich stimmen. Störfälle, die in der Anlage vorgedacht sind, aber so noch nicht real vorgekommen sind – und ich hoffe auch nie vorkommen werden – trainieren wir regelmäßig am Simulator, also einem Nachbau unserer Leitwarte im Simulatorzentrum in Essen. Hier auf der Anlage kennen wir nur den Leistungsbetrieb. Unsere guten Produktionszahlen deuten darauf hin, dass wir keine schwerwiegenden Störungen gehabt haben können und platt gesagt, sehr gut aufgepasst haben.
Wo sehen Sie die Gefahren – in der Technik? Beim Menschen? Dass man nachlässig wird, einschläft...? Also, wir dürfen nie in eine Hochstimmung verfallen, nach dem Motto »ist das alles herrlich, was sind wir für tolle Jungs«. Dann kann es schon mal vorkommen, dass wir etwas übersehen. Nichtsdestotrotz sind dann Automatiken wieder dazu da, die Anlage erst mal in einen sicheren Zustand zu überführen. Unser wichtigstes Augenmerk muss sein, immer sensibel auf Störungen zu reagieren und die Anlage nach bestem Wissen und Gewissen zu überwachen. Dann passiert natürlich am wenigsten.
Dennoch kommt es zu Reaktorschnellabschaltungen? Schnellabschaltungen passieren relativ selten. Ich glaube, wir hatten zehn oder zwölf während des gesamten Betriebs in den letzten 25 Jahren.
Was passiert bei solch einer Schnellabschaltung in der Mannschaft? Das ist ja schon ein spezieller Zustand... Ja. Am Simulator gehört das zur Normalität. Hier im Kraftwerk gehört der Normalbetrieb zur Normalität – Störungen Gott sei Dank nicht. Bei einer Schnellabschaltung muss man sich erst einmal darauf konzentrieren, was nun eigentlich passiert ist und bei der Aufarbeitung sehen, woran es gelegen hat. Das weiß man nicht. Solange die Nachwärmeabfuhr läuft, also die Kühlung des zwar abgeschalteten, aber noch sehr heißen Reaktorkerns, müssen wir die sogenannten Schutzziele kontrollieren und überwachen. Damit ist dann die Wärmeabfuhr gesichert und zunächst alles in Ordnung. Nur die 1400 Megawatt fehlen dann leider im Netz.
Wenn so etwas so selten vorkommt und man es nur vom Simulator kennt, kann man es dann wahrhaben, wenn es real passiert? Ja, das ist genau das Problem. Ich habe am Simulator auch schon einmal den Normalbetrieb üben lassen. Und da reicht eine halbe Stunde, dann wird – weil das Personal es nicht glauben kann – in jede Kurve irgendetwas hineininterpretiert. Hier auf der Anlage ist es umgekehrt. Es fängt an zu blinken und man muss erst einmal sehen, um welche Störung es sich handelt. Daher ist das etwas Außergewöhnliches.
Fühlt man sich dabei wie in einer Gefahrensituation? Nein, man sieht dann in den Betriebsunterlagen nach – wir nennen sie Betriebshandbücher –, um welche Störungen es sich handelt. Und dann

1400 Megawatt am Stromnetz sehen Sie nicht. Daher tun wir uns mit Erfolgserlebnissen schwer

muss man die vorgesehenen Routinen abarbeiten.
Hat man dabei Sorge, dass man die Anlage gefährdet? Ein Stress für die Anlage ist eine Schnellabschaltung auf jeden Fall. Aber eine Gefährdung kann ich nicht erkennen.
Sie sprachen ja davon, wie erfolgreich der Betrieb ist. Was hat man persönlich von diesem Erfolg? Der Erfolg ist natürlich schlecht sichtbar, man kann ihn nur abstrakt an den Produktionszahlen festmachen. Wenn ich es mit dem Bergbau vergleiche, etwa da, wo ich gelernt habe – dort werden in einem Jahr Millionen Tonnen Kohle gefördert, so etwas kann man sehen. Und 1400 Megawatt ständig am Netz können Sie nicht sehen, das können Sie nur in Zahlen fassen. Von daher tun wir uns etwas schwer, wenn es darum geht, wann man Erfolgserlebnisse hat. Wir werden hier nie fertig.
Registrieren Sie als einer, der lange dabei ist, eigentlich, wie jeweils die Kernkraftakzeptanz in der Gesellschaft ist? Gut – seit 1976 muss ich im Grunde meinen Arbeitsplatz gegenüber anderen verteidigen, die nicht hier beschäftigt sind. Das ist so, da braucht man nicht darum herum zu reden.
War das immer so oder hat es sich verstärkt oder verbessert? Nein, das ist latent vorhanden. Worauf es zurückzuführen ist, weiß ich nicht. Wahrscheinlich auch durch die Medien, die immer dazu beitragen, die Bevölkerung zu verunsichern.
Glauben es die Leute Ihnen, wenn Sie sagen, das macht einen recht sicheren Eindruck? Das kann ich nicht prüfen.

Helmut Heemann, Diplom-Ingenieur, Jahrgang 1951, ist Produktionsleiter für den Betrieb der Gesamtanlage des Kernkraftwerks Grohnde.

Michael Seewald, Ausbilder am Kraftwerkssimulator

Im Simulatorzentrum in Essen-Kupferdreh findet die Ausbildung für das Leitwartenpersonal der Kernkraftwerke statt. Im Mittelpunkt steht die Schulung der Wartenmannschaft an sogenannten Simulatoren - originalgetreuen Nachbauten der Leitstände 18 deutscher Kernkraftwerksblöcke. Die Schichtleiter und Reaktorfahrer sollen sich in den Übungseinheiten wie in ihrem Heimatkraftwerk fühlen. Ergänzt werden diese Simulatorkurse durch das sogenannte Glasmodell - einer gläsernen Nachbildung eines Druckwasserreaktors im Maßstab 1:10. Es bietet einen unverhüllten Blick auf die Vorgänge im Kühlkreislauf eines Reaktors, darunter auch eine Reihe von Störungen, die hier nachgespielt werden können. Während unseres Interviews mit Michael Seewald, der am Glasmodell Ausbildungsleiter ist, lassen seine Mitarbeiter den Reaktorunfall von Harrisburg ablaufen. Die Wärmeerzeugung geschieht allerdings nicht nuklear, sondern mithilfe handelsüblicher Elektroheizstäbe.

Welchen Sinn erfüllt Ihr Glasmodell im Ausbildungsbetrieb? Es gibt sehr viele physikalische Effekte, die das Betriebspersonal durch unsere Simulatorschulung aus der Theorie kennt, aber diese Effekte anschaulich darzubieten, ist in der Regel schwierig. Der Mensch als visuell veranlagtes Wesen lernt aber sehr viel durch das Sehen und das kommt am Simulator einfach zu kurz. Man kann die Abläufe im Kraftwerk ja nur anhand der Anzeigeinstrumente beobachten. Am Glasmodell können wir die Effekte wirklich und wahrhaftig zeigen. Viele Kollegen stehen hier wie kleine Kinder vor einer Eisenbahn.
Welche Störfallabläufe und Effekte lassen sich mit dem Glasmodell veranschaulichen? Das Glasmodell ist vor über zwanzig Jahren im Kernkraftwerk Biblis gebaut worden. Der Grund waren zwei Störfälle: zum einen der Störfall 1979 im Kernkraftwerk »Three Mile Island« – TMI – bei Harrisburg, der für die westliche Technologie in Kernkraftwerken sehr, sehr wichtig war. Und zum anderen ein Störfall im Kernkraftwerk Biblis im Jahr 1980: Der Strom war ausgefallen und die Anlage musste abgefahren, also in den »kalten« Zustand versetzt werden. Bei beiden Störungen traten nun sehr interessante Phänomene auf. Interessant heißt nicht unbedingt gefährlich, aber sicher für den Betrachter erst einmal ungewöhnlich. Diese Phänomene zu klären und darzustellen war das ursprüngliche Ziel des Modells.
Wie sind die Reaktionen der einzelnen Schulungsteilnehmer? Gibt es eine besondere Richtung bei den Fragen? Etwas, das überrascht? Die Resonanz ist ungeheuer, die sind wahnsinnig fasziniert. Der Störfall »Three Mile Island« und die Deckelblase des Störfalls in Biblis sind zwei Effekte, die stets am meisten überraschen. Man kommt nicht unbedingt von Anfang an drauf, und wenn sie es dann sehen, sagen sie »ah, jetzt habe ich endlich verstanden, warum das so ist«. Es fällt im wahrsten Sinne des Wortes der Groschen.
Was ist die »Deckelblase«? Die Deckelblase ist eine Gasblase unter dem Deckel des Reaktordruckbehälters. Der ist normalerweise vollständig mit Wasser gefüllt. Wenn im System jedoch der Druck absinkt, fängt das Wasser an der wärmsten Stelle an zu sieden. Üblicherweise ist das unter dem Deckel des Reaktordruckbehälters. Dort sehen Sie plötzlich, wie Dampfblasen entstehen und das Niveau des Wassers im Reaktordruckbehälter nach unten gedrückt wird: aber stets so, dass die Brennelemente, der sogenannte Kern – der ist etwa auch höhengleich abgebildet bei uns –, mit Wasser be-

deckt bleibt. Das wissen wir heute durch Versuche an einer realen Versuchsanlage. Die Kühlung des nuklearen Kerns ist also unter allen denkbaren Umständen gewährleistet, wenn nur der Kern mit Wasser bedeckt ist.

Sie meinten eben »höhengleich«. Bedeutet das, die Verhältnisse des Glasmodells sind identisch mit denen in deutschen Druckwasserreaktoren? Ja, der Maßstab ist so gemacht, dass der Höhenunterschied zwischen Reaktordruckbehälter und Dampferzeuger dem eines realen Kraftwerks entspricht. Dieser Höhenunterschied ist für spezielle Naturumlaufphänomene entscheidend.

Was ist mit »Naturumlauf« gemeint? Naturumlauf ist ein spezielles Phänomen. In deutschen Anlagen geht man sehr konservativ mit technischen Komponenten um. Das bedeutet, die Hauptkühlmittelpumpen, die das Wasser im Kreislauf halten, benutzen wir nicht bei schweren Störfällen, sie werden zum Beispiel bei einem Kühlmittelverluststörfall von der Automatik ausgeschaltet. Wir versuchen hier minimalistisch mit Technik umzugehen. Technik, die wir nicht brauchen, wird quasi ausgeschaltet. Die Anlage kann dann im Naturumlauf die Wärme abführen. Das heißt, was den Umlauf des Wassers im Kühlkreislauf des Kerns treibt, ist ausschließlich der Dichteunterschied des Wassers und der Höhenunterschied der Komponenten. Aus diesem Grund brauchen wir den Reaktordruckbehälter so tief wie möglich und die Dampferzeuger so hoch wie nötig. Dieses Verhältnis treibt das Wasser von allein um: Warmes Wasser ist leichter als kaltes und läuft daher von alleine nach oben, wo es sich abkühlt und von alleine wieder herunterläuft.

Die deutschen Anlagen müssen grundsätzlich die Naturumlaufphänomene beherrschen und unser Modell ist genau so konstruiert, dass wir an ihm die Effekte tatsächlich genau so sehen können, wie sie in der Realität zu erwarten sind.

Ich hatte zuvor gesagt, die Kühlung des Reaktors ist unter allen erdenkbaren Umständen gewährleistet – solang nur der Kern mit Wasser bedeckt ist – und genau das haben die damals in Harrisburg nach eineinhalb, zwei Stunden nicht mehr hinbekommen. Dort war nämlich so viel Wasser aus dem Reaktordruckbehälter herausgelaufen, dass der Kern etwa in der oberen Hälfte trocken lag, also nicht mehr mit Wasser bedeckt war. Dadurch fehlte die Kühlung der Brennstäbe und folglich ist der Kern so heiß geworden, dass er im oberen Drittel geschmolzen ist. Also nicht ganz, aber so weit, dass sie im oberen Drittel ein riesiges kugelförmiges Loch im Kern hatten. Der geschmolzene Teil des Kerns ist nach unten runtergetropft und in der unteren Kalotte, dem unteren Boden des Reaktordruckbehälters gelandet – noch im flüssigen Zustand – und ist dort quasi zur Ruhe gekommen. Es war damals eine komische Zeitabfolge, dass 14 Tage bevor dieser Störfall passiert ist, der Film »China Syndrome« mit Michael Douglas in die Kinos gekommen ist. Der Film behandelt genau das Durchschmelzen des Kerns in einem amerikanischen Reaktor, der quasi durch den Reaktorboden in die Erde »durchgeht«, naja, und weil Amerika und China genau die Antipoden sind, es in China dann wieder rauskommt. Gut, das ist jetzt physikalisch nicht ganz einwandfrei, aber zumindest die Richtung stimmt. Das ist aber in Harrisburg nicht mehr passiert, obwohl dort der Kern geschmolzen ist. Die Schmelze hat im Reaktordruckbehälter Ruhe gefunden und ist nicht durchgeschmolzen.

Was war die Ursache der Kernschmelze in Harrisburg? Gab es ein Leck im Kühlkreislauf des Reaktors? Nein, es gab ein Leck im Primärkreislauf, aber ein absperrbares Leck. Das hat die Mannschaft auf der Warte allerdings nicht erkannt. In der Kerntechnik machen wir es heutzutage zur Gewährleistung eines sicheren »Zu« immer so, dass wir

Die sind wahnsinnig fasziniert. Die Störfälle Harrisburg und die Deckelblase von Biblis überraschen am meisten

Die Deckelblase von Biblis – Am 12.10.1980 ereignete sich im Block A des Kernkraftwerks Biblis ein Störfall der damals höchsten Kategorie A für »sicherheitstechnisch signifikante Störfälle«: Infolge eines Kurzschlusses kam es zum Abschalten von Hauptkühlmittel-, Hauptspeisewasser- und Kühlwasserpumpen. Die Reaktorschnellabschaltung und das Notkühlsystem reagierten zu langsam. Es bildete sich eine Dampfblase im oberen Teil des Reaktordruckbehälters, die den weiteren Kühlmittelumlauf behinderte. Ein Krisenstab rückte an, da die Betriebsmannschaft den Störfall als gefährlich einstufte.

zwei Schieber, also Absperrventile hintereinander anordnen, damit wir, wenn der eine Schieber nicht schließt, den anderen zumachen können. Und in Harrisburg ist damals ein Schieber eines Druck-

> Man kann ganz feine Wellen sehen, Dampf, der darüberstreicht wie Wind übers Wasser. Der Reaktordruckbehälter ist jetzt in sehr wildem Zustand

entlastungsventils aufgeblieben. Dieses Ventil hat ordnungsgemäß angesprochen und sich geöffnet, da der Druck in der Anlage stieg. So wie ein Sicherheitsventil wirken soll, ist es aufgegangen und hat den Druck abgelassen und dann soll es auch wieder schließen. Und genau dieser Schließvorgang ist im Kernkraftwerk TMI nicht mehr vollständig erfolgt. Allerdings war das auf der Warte nicht sichtbar. Auf der Warte leuchtete stattdessen sichtbar die Lampe, die »zu« anzeigt, und das hieß für die Mannschaft »ist wohl zu«. Dieser Irrtum war die Ursache, dass fortan unbemerkt riesige Mengen Kühlwasser aus dem Reaktordruckbehälter flossen und dadurch die Kühlung der Brennelemente nicht mehr gewährleistet war.

Gab es vor TMI schon Vorfälle gleicher Natur in anderen Kernkraftwerken? Ja, es gab einen Störfall im Kernkraftwerk Beznau in der Schweiz. Dort hat es ebenfalls ein Ansprechen des Druckentlastungsventils gegeben, allerdings haben sie auf der Warte in Beznau innerhalb von 30 Sekunden gesehen, was da passiert, dass also das Ventil fehlerhaft offen geblieben ist. Dort ist dann einer aus der Mannschaft hergegangen und hat einen davor befindlichen Absperrschieber zugemacht und dann war die Störung beendet, nach 30 Sekunden. Das ist auch kommuniziert worden, aber natürlich nicht in der Art und Weise, wie wir das heute tun. Heutzutage macht jedes Kraftwerk über alle technischen Auffälligkeiten entsprechende Meldungen, die international in englischer Sprache verbreitet werden – so, dass es wirklich jeder versteht. Das war damals leider noch nicht so konsequent geregelt.

Wann war dieser Störfall in der Schweiz? Die Störung in Beznau war 1978. Ich weiß das, weil wir die Kollegen aus Beznau hier auch am Glasmodell schulen. Und die haben das nicht ohne einen gewissen Stolz gesagt, dass sie das sehr schnell unter Kontrolle hatten. Wie gesagt, der Störfall in TMI war ein Fall, der normalerweise ein »Glücksfall« ist, ein »absperrbares« Leck, das ist ja ganz toll. Man muss nur wissen, dass man's hat. Ja, und genau daran hat's gehapert.

Nach dem Unfall von Harrisburg haben wir eine Menge Dinge getan, um das technisch zu verbessern: Erstens zeigen wir heute auf der Warte die Stellung des Schiebers mit einem Instrument mit 0 bis 100 Prozent an. Zweitens gibt es heute immer zwei Schieber, so macht man automatisch auch den zweiten Schieber zu, unabhängig davon, ob der erste zu ist, also »sicher ist sicher«.

Aber am meisten hat die Leute auf der Warte in Harrisburg irritiert, dass das Druckhalterniveau angestiegen ist. Sie wussten ja nicht, was eigentlich im Reaktordruckbehälter los ist. Heutzutage gibt es bei einem Druckwasserreaktor sogenannte Füllstandsmesssonden, die anzeigen, wie hoch der Füllstand im Reaktordruckbehälter ist. Die gab es früher nicht.

Wie waren die Abläufe beim Störfall von TMI in Harrisburg? Nachts um vier ist die Störung passiert. Es gibt eine Vorgeschichte dazu, die habe ich Ihnen verheimlicht. Also nachts um vier ist die Störung passiert, die zu einem Druckanstieg im Reaktorkühlkreislauf geführt hat. Dann ist dieses besagte Druckentlastungsventil aufgegangen und hat anschließend nicht mehr geschlossen. Um 6.14 Uhr hat die Nachfolgeschicht, die wie bei uns auch um 6 Uhr ihren Dienst aufgenommen hat, in das Schichtbuch geschrieben, dass sie das Ventil geschlossen haben. Damit war erst nach zwei Stunden 14 Minuten das Leck quasi abgesperrt. Dann bekamen sie auch den Reaktorkühlkreislauf wieder mit Wasser aufgefüllt. Der Punkt war ja, dass kein Wasser mehr im Kühlkreislauf drin war, aus unterschiedlichen Gründen: erstens, viel Wasser, das eigentlich in den Kern gehörte, war im Druckhalter, zweitens, der Störfall wurde vom automatischen Reaktorschutz als Kühlmittelverluststörfall – also wir nennen das im englischen LOCA – Loss of Coolant Accident – sofort erkannt. Die Automatik des Reaktorschutzes hat auch sofort die richtigen Maßnahmen ergriffen, den Reaktor abgeschaltet und Wasser eingespeist. Das ist also grundsätzlich immer richtig, Wasser, Wasser, Wasser rein, weil – Sie erinnern sich – solange der Kern mit Wasser bedeckt ist, passiert ihm nichts.

Es sind also vier Einspeisesysteme in Betrieb gegangen, um Wasser in den Reaktor zu pumpen. Allerdings sind diese vier Einspeisesysteme von der Schichtmannschaft wieder abgeschaltet worden. Das tat die Mannschaft, weil es eine Anweisung gab, die lautete, wenn das Druckhalterniveau am Anzeigeinstrument nicht sichtbar ist, muss man davon ausgehen, dass der Reaktorkühlkreislauf schon voll ist und infolge dessen macht ein weiteres Einspeisen von Wasser keinen Sinn. Das heißt, die Schichtmannschaft hat folgerichtig gehandelt – also das, was aufgeschrieben war –, aber trotzdem das Falsche getan.
Die Bedienmannschaft in TMI hat also die Wassereinspeisung unterbunden, dadurch geriet der Reaktorkühlkreislauf in den Siedezustand – das können Sie auch hier bei uns am Glasmodell sehen. Eine Pumpe kann allerdings siedendes Wasser nicht gut bewegen. Wenn dann auch noch der Druck absinkt, entsteht in der Pumpe eine Dampfblase, sodass die Pumpe nichts mehr fördert. Wir nennen dieses Phänomen »Kavitation«. So liefen auch in TMI die Hauptkühlmittelpumpen in Kavitation und haben nichts mehr gefördert. Daraufhin hat die Bedienmannschaft auch diese Pumpen ausgeschaltet.

> Auf der Leitwarte leuchtete die Lampe »zu«. Fortan flossen unbemerkt riesige Mengen Kühlwasser aus

Im Gegensatz zum zuvor erwähnten deutschen Technikprinzip ist es in den amerikanischen Anlagen wie Harrisburg so, dass man bei einem Kühlmittelverluststörfall darauf gebaut hat, dass die Hauptkühlmittelpumpen in Betrieb sind, um das Wasser zu fördern. Das hat aber die Bedienmannschaft unmöglich gemacht, weil sie die Hauptkühlmittelpumpen ja ausgeschaltet hatte. In Harrisburg hatten sie also nicht nur kein Wasser im Reaktor, sondern zusätzlich auch noch keinen Umlauf des Kühlmittels, was beides schlimm ist. *[Der Störfall von TMI läuft nun als Simulation im Glasmodell.]* ... Man kann sogar in den leeren Leitungen solche ganz feinen Wellen sehen, das ist Dampf, der darüberstreicht, der streicht einfach wie Wind übers Wasser und strömt zum Dampferzeuger hin. Der Reaktordruckbehälter ist jetzt in sehr wildem Zustand, aber trotz dieses sehr augenfälligen Siedezustands ist die Kühlung noch gewährleistet, weil der Kern, also die Brennstäbe, noch bedeckt sind. In Deutschland war ja das Kernkraftwerk Mülheim-Kärlich in Betrieb, das nach den gleichen Konstruktionsprinzipien wie TMI konstruiert war. Dort haben wir fast die identische Anlage wie in Harrisburg mit einigen wesentlichen Unterschieden: In Mülheim-Kärlich hat man den Reaktordruckbehälter sehr tief gesetzt und die Dampferzeuger sehr hoch, damit dort der »Naturumlauf« zustande kommt. Das heißt, der gleiche Störfall wäre in Mühlheim-Kärlich nicht denkbar, weil wir es in einem Detail einfach anders konstruiert haben.
Im Kernkraftwerk TMI ist es jetzt eine Stunde nach Störfalleintritt. Der Füllstand des Wassers im Reaktordruckbehälter reicht nur noch bis zur Mitte des Kerns. Und dann kommt es im oberen Drittel zu einer Kernschmelze. Also, das wäre ganz einfach zu verhindern gewesen: einfach Wasser rein. Aus unserer Sicht ist dieser Teil der Störung beendet, jetzt käme quasi der Wiederauffüllvorgang. Also, 6.14 Uhr, wie gesagt: Schieber zu, Wassereinspeisepumpen an und den ganzen Reaktor wieder aufgefüllt.
Als sekundäre Schwierigkeit ist dann aber Folgendes aufgetreten: Durch die Kernschmelze kommt es zu einer Erzeugung von Wasserstoff. In dem Moment, wo die Brennelemente nicht mehr ausreichend gekühlt werden, läuft eine sogenannte Zirkon-Wasser-Reaktion ab. Das Brennelement nimmt den Sauerstoff aus dem Wasser auf, um zu oxidieren. Man könnte sagen, wenn es sich um Eisen handeln würde und nicht um Zirkonium, es würde rosten. Diese Reaktion verbraucht den Sauerstoff im Druckbehälter und auch den Sauerstoff, der eigentlich im Wasser gebunden ist, da diese Reaktion in der Lage ist, ein Wassermolekül auseinanderzuschlagen. Dabei bleibt als Abfallprodukt Wasserstoff übrig, der in Reaktion mit Luft oder genauer gesagt mit Sauerstoff zu Knallgas wird. Im Kernkraftwerk TMI ist es dann auch zu einer Knallgasexplosion gekommen. Das war allerdings eine sehr milde Explosion, weil nur noch so wenig Sauerstoff da war. Wir sagen dazu Deflagration, eine Art Stichflamme, also nichts Weltbewegendes.
Sind Knallgasexplosionen im Reaktor ein generelles Problem? In Siedewasser- wie Druckwasserreaktoren ist es ein generelles Problem, aber wir haben es heute im Griff. Bei Siedewasserreaktoren

gibt es ein eigenes Wasserstoff-Abbausystem, beim Druckwasserreaktor sind im Containment sogenannte Rekombinatoren, die den Wasserstoff, wann immer sie ihn finden, sofort abbauen. Dadurch kann es erst gar nicht zu einem Aufstau kommen, der zu einer Explosion führt.

Wie war es in der Realität in Harrisburg? Es bestand doch geraume Zeit Unklarheit, was passiert war... Ja, monatelang. Sehr verwunderlich war die geringe Radioaktivitätsfreisetzung, obwohl so massive Teile des Kerns geschmolzen waren. Eigentlich hätte man mit einer unglaublich großen Radioaktivitätsfreisetzung rechnen müssen, das ist aber aufgrund dessen, dass sich radioaktive Stoffe ja nicht von alleine verbreiten, nicht eingetreten. Sie können ja nicht laufen und sind immer an etwas gebunden. Das bedeutet, aus dem Reaktor wurden nur gasförmige radioaktive Stoffe ausgetragen, also Edelgase, die sowieso von alleine irgendwohin strömen und Aerosole, also Stoffe, die sich mit Dämpfen und Flüssigkeiten transportieren lassen.

> Der Kern ist so weit geschmolzen, dass sie im oberen Drittel ein riesiges kugelförmiges Loch hatten

Der große Teil der radioaktiven Stoffe ist natürlich Uran und Plutonium, also Feststoffe. Und die transportiert man nicht mit Wasser, die fallen in einem Strom einfach zu Boden. Deswegen war außerhalb des Kühlkreislaufes und innerhalb des Containments wahnsinnig wenig Radioaktivität. Anhand der Messwerte dort ist man damals nicht zwingend darauf gekommen, dass der Kern geschmolzen ist. Erst nach Monaten, als man die Sekundärschäden beseitigt und alles soweit wieder dekontaminiert hatte – also »geputzt«, dazu sagen wir »dekontaminieren« –, hat man eine Kamera von oben in den Reaktordruckbehälter hineingesteckt und das Innenleben gefilmt. Erst dann hat man erkannt, dass der Kern böse zerstört war.

Der Zustand, dass keine weitere Eskalation stattfindet, der war schon nach zwei Stunden erreicht? Ja, also nach zwei Stunden war die Kühlung des Kerns wieder gewährleistet. Die ganze Anlage abzukühlen und in einen sicheren Zustand zu bringen, das hat dann schon noch ein paar Tage gedauert, aber eigentlich war der Kuchen nach gut zwei Stunden gegessen. Da war auch alles kaputt. Da war im Prinzip der Kern schon hin.

Ein kritischer Zustand war noch diese Wasserstoffexplosion. Was natürlich besonders dramatisch war, dass die Aufsichtsbehörden, der Bürgermeister, die Polizei, die Feuerwehr eigentlich nicht wussten, wo das Ganze physikalisch hingehen kann. Also, man hat immer gedacht – und so hat auch die Presse berichtet –, dass da quasi eine Atombombenexplosion entstehen könnte. Das hat die Leute natürlich fürchterlich unter Stress gesetzt und die sind dann einfach abgehauen aus der Gegend. Hunderttausende von Menschen sind da mit Kind und Kegel auf die Autobahn gegangen und haben gesagt, bloß weg hier.

So etwas, wie wir heute haben, dass der Zivilschutz involviert ist und es spezielle Gremien aus Professoren und anderen intelligenten Leuten gibt, die darüber befinden, was da weiter passiert – das gab es alles damals nicht.

Wurden nach TMI Risikostudien in Deutschland in Auftrag gegeben? Die Störung wurde analysiert und es wurden verschiedene Dinge gemacht. Zwei technisch triviale Lösungen habe ich ihnen schon gesagt. Es gibt noch eine Reihe von anderen Dingen, zum Beispiel wurde die gesamte Schulung konzeptionell auf eine andere Basis gestellt, was uns hier am Simulatorzentrum natürlich am meisten interessiert. Seit 1981 müssen die Schichtmannschaften der Kernkraftwerke bundeseinheitlich geschult werden. Alles was die »Behörde« interessant fand, ist als Lehrinhalt aufgeschrieben worden, seitenweise untereinander, mit einer amtlichen Prüfung am Schluss.

Simulatoren gab es zu Zeiten des Störfalls in TMI auch schon, aber die haben genau diese beiden Störfälle, die Basis für das Glasmodell waren, nicht korrekt abgebildet. 1979 kannte man das Phänomen nämlich nicht und hat physikalisch den Simulator nicht richtig aufgebaut, sodass den Kollegen in der Simulatorschulung ein falsches Anlagenverhalten vermittelt wurde. Die Mannschaften haben diese Störungen erfahren und geübt, aber die Störung lief anders ab als in der Realität. Das ist natürlich gemein. Damit können die Kollegen nicht wirklich gut umgehen – wenn das reale Verhalten plötzlich anders ist als das, was sie erlernt haben. Denn die »üben und üben und üben« ja, mehrfach im Jahr, immer wieder und wieder. Und plötzlich geht der Störfall genau anders. Das ist eindeutig ein Simu-

> Also, das wäre ganz einfach zu verhindern gewesen: einfach Wasser rein

latorproblem. Heute allerdings können wir durch die Leistung, die wir in den Rechnern haben, physikalische Modelle rechnen und Phänomene zeigen, die man hoffentlich in der Realität nie beobachtet.

Noch etwas zu den deutschen Reaktortypen. Welchen halten Sie für besser - den Siedewasser- oder den Druckwasserreaktor? Das ist eine Philosophiefrage: Die Siedewasserreaktoren sind wunderbar zu regeln, sind thermohydraulisch sehr viel einfacher, haben auch ein leicht höheren Wirkungsgrad, das sind alles positive Dinge. Der Nachteil ist, dass sie einen größeren Kontrollbereich haben, wo Sie radioaktive Stoffe haben, weil eben diese zusätzliche Barriere aus Dampferzeuger und U-Rohren fehlt. Im Augenblick werden keine Siedewasserreaktoren mehr gebaut, sondern nur noch Kernkraftwerke mit Druckwasserreaktoren, wie beispielsweise zurzeit in Finnland der EPR.

Ingenieure bezeichnen den Siedewasserreaktor dennoch als »Rennpferd« unter den Kernkraftwerken. Ja, das ist so. Wenn ein Siedewasserreaktor abgeschaltet dasteht, mit zirka 30 Grad Wassertemperatur, und Sie wollen ihn in Betrieb nehmen, dann ziehen Sie einfach die Steuerstäbe heraus und es entsteht Leistung. Mit dem Siedezustand regelt sich der Prozess dann von allein. Wenn Sie mehr Leistung machen möchten, ziehen sie einfach die Steuerstäbe weiter heraus.

Beim Druckwasserreaktor geht das so nicht. Da können Sie im kalten Zustand keine Steuerstäbe herausziehen. Also, Sie können schon, aber Sie dürfen es nicht. Sie müssen ihn erst warm machen. Und das macht man beim Druckwasserreaktor - ich sag das immer so lax - durch Rühren. Wir schalten die vier Hauptkühlmittelpumpen ein - da hat jede einzelne eine Leistung von fünf bis sechs Megawatt - und »rühren« das Wasser so lange, bis es durch die Reibung der Pumpen warm geworden ist. Nach 20 Stunden ist es durch das »Rühren« so warm, dass Sie 260 Grad erreichen. Bei dieser Temperatur dürfen Sie die Steuerstäbe ziehen und dann machen Sie die restliche Leistungsfreisetzung weiter mit den Steuerstäben.

Auch beim Abschalten des Druckwasserreaktors reicht es nicht aus, die Steuerstäbe einzuwerfen. Der Reaktor geht dann zwar erst mal »aus«, aber man darf ihn noch nicht abkühlen, weil man sonst wieder Reaktivität gewinnen würde. Deshalb muss ein Druckwasserreaktor grundsätzlich immer noch mit Borsäure vermischt werden, das heißt, das Wasser hat einen geringen Borsäureanteil. Das Bor fängt Neutronen ein, sodass man über die Borsäure die Reaktivität letztendlich wieder bindet. Das macht aber den Druckwasserreaktor einfach langsamer. Beim Hochfahren muss man »rühren, rühren, rühren« und beim Abfahren muss man Borsäure hineinmischen, bis man wieder unten ist.

Michael Seewald kam nach einem abgeschlossenen Ingenieursstudium 1982 als Simulatorausbilder an die Kraftwerksschule e.V. in Essen. Er war Projektleiter beim Neubau der Leitwartensimulatoren der Kernkraftwerke Philippsburg 1 und Isar 1. Seit 2003 leitet er die Abteilung »Schulung Glasmodell«.

Wolfgang Kromp, Risikoforscher

Auf der Türkenschanze, einer breiten Anhöhe am westlichen Stadtrand von Wien, befindet sich die im 19. Jahrhundert erbaute Universitätssternwarte. Im Seitenflügel des imposanten Bauwerks liegt unscheinbar das Institut für Sicherheits- und Risikowissenschaften der Universität Wien. Auf wenig Raum arbeitet dort Wolfgang Kromp mit seinem Team unabhängiger Wissenschaftler. Sie erstellen Risikobewertungen zur Kernkraft, etwa eine Gefahrenanalyse zu den grenznah an Österreich gelegenen Kernkraftwerken Temelín und Mochovce. Zwischen überbordenden Regalen, verblichenen Aktenordnern und aufgetürmten Papierstapeln führen wir mit Wolfgang Kromp ein mehrstündiges Gespräch über die Risiken der Kernkraft – in einem Land, das keine Kernenergie produziert. Es wurde zwar in den 1970er Jahren an der Donau ein Kernkraftwerk gebaut, jedoch aufgrund eines Volksentscheides nie in Betrieb genommen. Heute beobachtet man kritisch die Nuklearindustrie in den angrenzenden Ländern.

Kromp: Sie wissen ja, dass ein Atomkraftwerk einen Schornstein braucht, damit das atomare Feuer besser zieht (Lachen). In Wirklichkeit dient er natürlich dazu, die Krebstoten auf ein größeres Gebiet zu verteilen, damit man sie statistisch nicht mehr nachweisen kann, wenn Nuklide, die man nicht zurückhalten kann, über den Abzugskamin entlassen werden. Man versucht zwar, über Verzögerungsstrecken die Freisetzung radioaktiver Gase mit kurzer Lebensdauer zu verzögern, aber vieles Langlebige wird rausgelassen, da hat man gar nicht die Speicherkapazitäten. Das ist nicht einmal eine spezielle Perfidität der Nuklearindustrie, das wird auch in der Chemie so gemacht. Da steht der Glaube dahinter, dass man Gifte so verdünnen kann, dass sie unschädlich werden. In der Urzeit hat man ja sogar gedacht, dass es eine bestimmte Strahlendosis gibt, die gesund ist. Oder zumindest nicht schädlich.

Man muss sich die Wirkung der Strahlung ungefähr vorstellen wie Geschosse. Es ist in etwa so, als gäbe es in dieser großen Stadt jemanden, der aus dem Hinterhalt auf Passanten schießt. Bei einer Million Einwohnern ist die Wahrscheinlichkeit, dass man selbst getroffen wird, fast Null. Aber ab und zu wird einer getroffen. Das ist die Strahlung: Wenn wenig geschossen wird, dann trifft es auch wenig, wahrscheinlichkeitsmäßig.

Oder auf einem Schlachtfeld zum Beispiel, da kann es durchaus einmal sein, dass ein Kriegsberichterstatter sein ganzes Leben immer wieder an vorderster Front verbringt und den trifft nie was. Ein anderer ist hinten in der Etappe und den trifft eine verirrte Kugel. Das ist ungefähr die Wirkung der Strahlung – ein statistisches Phänomen. Allerdings ist bei hohen Strahlenintensitäten die Wahrscheinlichkeit sehr groß, dass Ihr Körper so getroffen wird, dass Sie schwer beschädigt werden. Wenn die Strahlung sehr niedrig ist, dann haben Sie eine gute Chance, nicht getroffen zu werden. Oder – wenn Sie getroffen werden – dass Ihr Reparatursystem diesen Schaden beheben kann.

Treffen Alpha-, Beta- und Gammastrahlen als »Geschosse« den Körper unterschiedlich? Die Gammastrahlung ist von ihrer Natur eine elektromagnetische, also Wellenstrahlung, so wie Röntgenstrahlung oder das Licht. Also eine Strahlung, die keines Trägers bedarf und auch im Vakuum mit Lichtgeschwindigkeit durch die Gegend saust. Die anderen Strahlenarten, vor allem Beta- und Alphastrahlung, sind Teilchenstrahlen. Beim radioaktiven Zerfall werden Teilchen emittiert; zu Elektronen sagt

man Betateilchen, zu den doppelt geladenen Heliumkernen Alphateilchen. Und diese Teilchen sind sozusagen Geschosse und da sie relativ groß sind, stoßen sie mit Luftmolekülen zusammen und kommen nicht weit: die Betateilchen nur einen Meter und die Alphateilchen nur zehn Zentimeter. Das heißt, da können Sie drüberwandern und es würde Ihnen nichts ausmachen. Das kann man mit Papier abschirmen oder mit einer dünnen Aluminiumfolie. Dumm ist nur, wenn man Alpha- oder Betastrahler in den Körper hineinbekommt ...
Darauf bezieht sich das Bild mit dem Scharfschützen? Auf alles, auch die Gammastrahlung. Wenn Sie geringe Gammaintensitäten haben, dann wird

Plutonium strahlt nicht sehr weit, Sie können in seine Nähe gehen. Nur in den Körper darf es nicht kommen

halt in dieser Stadt wenig geschossen. Wenn Sie eine hohe Intensität haben, sind das ganze Bataillone, die ihre Salven permanent abfeuern. Und das betrifft Alpha-, Beta-, Gammastrahlung gleichermaßen, nur auf sehr unterschiedliche Weise.
Aber es ist nicht so, dass die Strahlung so gering sein kann, dass sie niemandem etwas antut? Sie wird statistisch gesehen wenig Schaden anrichten. Aber wenn man Pech hat und es trifft dieses eine Gammaquant ausgerechnet Ihre Zelle, die dann krebsartig degeneriert, dann haben Sie Pech gehabt. Das kann von einem Quant sein. Das kann aber auch von der Höhenstrahlung kommen. Vom Flugzeugfliegen etwa, da haben Sie eine relativ hohe Belastung. Darum wird nicht großartig Aufhebens gemacht, aber die ist relativ hoch. Als wir mit unseren Studenten nach Tschernobyl geflogen sind, haben wir im Flugzeug ungefähr so hohe Belastungen gemessen wie dann in Tschernobyl. Damals war dort die Strahlung noch ein bisschen höher, langsam klingt die Dosis ab. Wenn Sie in Tschernobyl als Besucher auf den Wegen spazieren, haben Sie sehr geringe Belastungen. Die bestrahlte Umgebung hat man mit Erde zugedeckt. Da ist ein Meter Erde draufgekommen und schirmt das ab. Wenn Sie ein bisschen abseits der Wege gehen, wo man weniger gemacht hat, können Sie schon deutlich höhere Strahlenpegel messen.
Wir haben damals auch ein Feld von 100 mal 100 Metern zusammen mit einem ukrainischen Partner ausgesucht und genau vermessen. Alle paar Jahre fahren wir mit interessierten Studenten wieder hin und lassen sie nachmessen und eine Strahlenkarte von dem Feld erstellen. Da schauen wir dann, wie die Strahlung – ja, wie soll man sagen – so ein bisschen »absinkt«. Die sinkt in erster Linie ab, weil sie in den Boden hineingewaschen wird. Wir haben damals festgestellt, dass die strahlenden Nuklide etwa zehn Zentimeter unter der Oberfläche waren. Darauf kann man sich aber nicht verlassen, denn dort, wo Wildschweine den Boden wieder aufwühlen, kommen sie wieder an die Oberfläche. Die Natur hat tolle Möglichkeiten, einem immer wieder einen Strich durch die Rechnung zu machen.
Und diese Nuklide gelangen dann ins Grundwasser? Ja, das ist unvermeidlich. Man kann sogar sagen, wenn man lang genug wartet, sind sie überall. Das betrifft die Strahler mit größeren Halbwertszeiten. Die Halbwertszeiten der Spaltprodukte sind sehr unterschiedlich. Wird zum Beispiel in einem Atomkraftwerk aus irgendeinem Grund der Reaktor »notabgeschaltet«, hat man es in dem Moment nicht mehr mit der Neutronenstrahlung, die bei der Kettenreaktion entsteht, zu tun, sondern nur noch mit der sogenannten Nachzerfallsstrahlung. Das heißt, das Uran und auch das Plutonium wurden während der Kettenreaktion in Trümmer zerlegt und diese Trümmer sind durch die Bank radioaktiv und zerfallen dann von selbst. Ohne äußere Einwirkung, man kann das nicht verhindern. Und die strahlen. Als Maß dafür verwendet man die sogenannte Halbwertszeit. Nach der Halbwertszeit – das können Sekunden sein, Jahre oder Jahrmillionen – ist die Hälfte der Substanzen zerfallen. Das heißt natürlich auch, dass die andere Hälfte noch da ist. Nach einer weiteren Halbwertszeit noch ein Viertel, dann ein Achtel und so weiter. Und wenn man möchte, dass nur noch ein Tausendstel da ist, muss man ungefähr zehn Halbwertszeiten abwarten.
Das bedeutet zum Beispiel für Plutonium – ein sehr unangenehmer Strahler mit einer Halbwertszeit von über 24 000 Jahren – dass fast eine Viertelmillion Jahre abgewartet werden muss. Wenn wir solche Zeiträume an unserer Lebenszeit messen und auch an der Zeit, in der wir menschliche Geschichte erfassen können, zumindest die zivilisatorische, also etwa 10 000 Jahre zurückgehen – in die Zeit erster Stadtbildungen –, dann wird es sehr

dunkel. Unsere Geschichte ist natürlich wesentlich länger, aber das, was wir als Zivilisationsgeschichte betrachten, ist sehr, sehr kurz im Vergleich zu diesen unglaublich langen Zeiträumen.
Da sind wir dann bei dem Thema der Überbleibsel der Nuklearindustrie – also des sogenannten Strahlenmülls, der in mehrere Kategorien zerfällt. Da gibt's niedrig- und mittelaktiven Abfall, aber primär gilt die Sorge dem hochaktiven, langlebigen. Da hat man Substanzen, die für unglaublich lange Zeit von der Biosphäre fern gehalten werden müssen. Beispielsweise Plutonium, was nicht einmal zu den langlebigsten gehört. Oder etwa bestimmte Isotope der Elemente Cer, Cäsium oder Iod, die haben Halbwertszeiten von eineinhalb Millionen Jahren oder sogar 15 Millionen Jahren. Aber solche langsam zerfallenden strahlen nicht stark. Das ist wieder ein bisschen Glück im Unglück. Nur dürfen sie trotzdem, auch wenn sie geringe Intensitäten haben, nicht in den Körper hineingelangen und auch nicht in die Biosphäre, sondern müssen über diese ungeheuren Zeiträume von der Umwelt abgeschottet bleiben.
Wenn wir beispielsweise das Plutonium hernehmen: Seine Strahlung reicht nicht weit; Sie können in seine Nähe gehen, ein Alphastrahler mit Reichweite von etwa zehn Zentimetern. Nur in den Körper darf es nicht kommen. Die Gesundheitsorganisation WHO hat angenommen, dass man bereits im Millionstelgramm-Bereich Lungenkrebs bekommen kann. Wenn Sie das jetzt hochrechnen, dann könnten Sie also mit einem Gramm Plutonium einer Millionen Menschen Lungenkrebs verschaffen. Mit einem Kilogramm einer Milliarde und mit ein paar Kilogramm der ganzen Menschheit. Klarerweise, wenn Sie jetzt so viel Plutonium im Globus verstreuen, wird natürlich nicht jedes Atom die Lunge erreichen, die allerwenigsten wahrscheinlich. Aber dennoch, es zeigt, wie gefährlich dieser Stoff ist. Letztlich war das auch ein Argument, warum man von einer Technologie, die auf Plutonium basiert, nämlich vom schnellen Brüter, Abstand genommen hat. Es droht allerdings, dass man in Zukunft wieder zum Plutonium zurückkehrt, wegen des Mangels an spaltbarem Uran 235.
Gibt es eine Not, sind die Bestände schon knapp? Ja. Wir werden das publizieren, aber als Vorabergebnis kann man grob sagen, dass Uran 235, das mit einigermaßen vernünftigem Aufwand abgebaut werden kann, noch ungefähr für fünfzig Jahre reicht, wenn der Kraftwerkspark in etwa so bleibt wie jetzt. Allerdings gibt es trotzdem einen Engpass, denn die Geschwindigkeit, mit der man das Uran aus dem Boden herausholen kann, ist sehr begrenzt. Das heißt, man kann nicht so schnell beliebig viel herausholen, um dieses Geschäft wirklich fünfzig Jahre lukrativ zu betreiben. Das hängt damit zusammen, dass man nach dem Zusammenbruch der Sowjetunion und dem Ende des Kalten Krieges relativ große Mengen an spaltbarem Material zur Verfügung hatte. Das hat man dann für die Kernkraftwerke verwendet.
Woher stammte dieser Nuklearbrennstoff? Aus den militärischen Beständen. Man hat Uran und Plutonium zum Brennstoff gemischt und weil daher der Preis sehr niedrig war, hat man die Bergwerkstätigkeit auf Sparflamme gehalten. Das heißt, vom gegenwärtig benötigten Brennstoff werden nur zwei Drittel produziert. Ein Drittel wird aus militärischen Beständen abgedeckt und die werden demnächst zur Neige gehen, sodass man heute schon prognostizieren kann – wenn sich nichts Dramatisches ändert – dass in vielleicht zehn oder 15 Jahren möglicherweise bestimmte Kernkraftwerke nicht mehr betrieben werden können – aus Mangel an Brennstoff.
Der Preis wird natürlich massiv in die Höhe schnellen. Die Kosten des Brennstoffs waren bis jetzt fast vernachlässigbar, eher noch hat die Aufbereitung etwas gekostet. Aber das wird sich ändern. Der Brennstoff wird relativ rar sein. Ich halte das für ei-

Schnelle Brüter wurden in Deutschland, Frankreich, Großbritannien, den USA, Russland und Japan in den 1960er und 1970er Jahren projektiert. Ihr Ziel war eine effizientere Nutzung der Uranreserven. Im Gegensatz zu den üblichen Kernreaktoren, die auf das nur zu 0,7 Prozent im Natururan vorkommende Isotop Uran 235 angewiesen sind, erbrütet dieser Reaktortyp aus dem reichlich vorhandenen Uran 238 das spaltbare Plutonium 239. Selbiges wird in einem zweiten Schritt zum Spaltstoff bei der Energieerzeugung. Für diese Technik ist allerdings Wasser ungeeignet, was weitreichende Konsequenzen für Sicherheit und Technologie nach sich zieht. Der Name »schneller Brüter« bezieht sich keineswegs auf einen schnellen Brutvorgang, sondern darauf, dass der Reaktor mit schnellen Neutronen arbeitet. Die hohen Investitionskosten und die extremen Sicherheitsanforderungen für den Betrieb dieses Kraftwerkstyps haben dazu geführt, dass die meisten Projekte in den 1980er oder 1990er Jahren eingestellt wurden.

nen wesentlichen Grund, warum man auf die »Generation Four«, also die künftige Generation von Kernreaktoren, setzt – eben weil sie größtenteils nicht mehr auf der Basis des zu Ende gehenden Uran 235 betrieben werden sollen.

Und das bedeutet, man wird zurückgehen auf Plutonium. Das muss aber erst erzeugt werden, und zwar aus dem reichlich vorhandenen Uran 238. Das wenige spaltbare Uran kommt in des Berges Schacht ja immer vergesellschaftet mit 99 Prozent Uran 238 vor, das kaum spaltbar ist. Und das ist natürlich vielversprechend, wenn man sagt, man hat spaltbares Uran nur für fünfzig Jahre. Es besteht also die Gefahr, dass man auf etwas zurückgreift, was noch am ehesten funktioniert und heute schon realisiert werden kann: der gute alte bzw. schlechte alte schnelle Brüter – mit dem im großen Maßstab Plutonium hergestellt wird. Wir wissen ja, dass sie sich mit dieser Technologie in Deutschland in Kalkar oder beim Superphénix in Frankreich oder in Japan in Monju die Zähne ausgebissen haben. Es gibt zwar kleine Versuchsanlagen in der Welt, aber die großen Projekte wurden aus verschiedensten Gründen alle eingestellt, etwa aus Kostengründen oder wegen technischer Schwierigkeiten. Mit Ausnahme der Russen, die dem Vernehmen nach – man weiß es natürlich nicht so genau – eine leistungsstarke Anlage mit relativ geringen Schwierigkeiten laufen lassen – jedenfalls so gut, dass, falls sie Schwierigkeiten hatten, sie nicht geschichtsmäßig bekannt wurden wie Tschernobyl. Das könnte natürlich die Techniker dazu verleiten, zu sagen, das verbessern wir noch ein bisschen und dann kommt das auf den Markt.

Eine zweite Möglichkeit wäre das Thorium, das auch aus Berges Schacht geholt wird. Besonders reichhaltige Vorräte gibt es in Indien. Thorium kann man ähnlich wie Uran 238 nicht direkt verwerten, man muss es umwandeln. Man würde es in Uran 233 umwandeln, und selbiges ist auch ein sehr unangenehmer Zeitgenosse. Es hat eine verhältnismäßig kurze Halbwertszeit – um gut drei Zehnerpotenzen kleiner als das übliche spaltbare Uran 235 – und strahlt dadurch stark, seine Radiotoxizität wird als hoch eingestuft.

Und dass diese berühmte Reaktorgeneration IV je so ausgereift sein wird, dass sie das hält, was versprochen wird, das ist ähnlich utopisch wie die Kernfusion, von der man seit jeher sagt, sie sei in fünzig Jahren einsetzbar – bis heute. Der Grund liegt darin, dass versprochen wird, dass die Generation IV vier Dinge gleichzeitig erfüllt. Erstens: Es gibt mit ihr keinen schweren Unfall mehr, zweitens: Sie kann angeblich nicht mehr für Proliferation verwendet, also nicht für militärische Zwecke missbraucht werden. Drittens bleiben keine langlebigen Isotope mehr übrig. Und viertens soll sie billig sein. Ich selber war ja einmal für die Atomtechnologie. Ich wollte in Österreich lieber Atomkraftwerke haben als Staudämme für Wasserkraftwerke an der Donau, insbesondere bei Dürnstein. Das wäre so, als würde man den Rhein absperren, irgendwo im Bereich Bingen und Bonn, wo die netten Burgen, Schlösser und Weingegenden sind. Das war für mich als Paddler natürlich ein Horror und da war mir so ein Block in der Au schon lieber.

Reaktorgeneration IV: Hinter diesem Begriff verbirgt sich ein Forschungsprogramm für zukünftige Kernernergiesysteme, das von zehn Nationen initiiert wurde: Argentinien, Brasilien, Kanada, Frankreich, Großbritannien, Japan, Südkorea, Südafrika, der Schweiz und den USA. Später kamen auch China und Russland hinzu. Die neue Reaktorgeneration basiert auf dem Konzept der schnellen Brüter der 1970er Jahre, die nach heutigen Anforderungen neu definiert und besser konzipiert werden sollen. Neben dem Aspekt einer effizienten Uranausnutzung ist das Ziel dieser neuen Reaktoren, wesentlich weniger und kurzlebigere radiotoxische Elemente zu hinterlassen, als heute übliche Kernkraftwerke dies tun.

Dies wirklich für eine gangbare Lösung zu halten, wurde vertreten unter anderem in Gestalt des von uns verehrten, sehr angesehenen Professors, eines Radiochemikers namens Engelbert Broda, Bruder des seinerzeitigen Justizministers Christian Broda. Er war in allen wichtigen einschlägigen Gremien vertreten und hat die Atomenergie propagiert. Ich habe seine Vorträge gehört, er hat uns versucht zu begeistern, mit Erfolg. Und derselbe Mann hat 1975 plötzlich eine 180-Grad-Wendung gemacht, als ihm dämmerte, was passieren würde, wenn die Atomindustrie so mächtig wird, wie damals antizipiert war: Allein in Österreich waren offiziell drei Kernkraftwerke vorgesehen, intern vielleicht noch mehr. Weltweit waren nach den damaligen Plänen tausende Kernkraftwerke in Planung. Heute haben wir glücklicherweise »nur« an die 450. Dann wäre die Atomindustrie so mächtig geworden, dass sie den schnellen Brüter durchgesetzt hätte. Broda hat als Radiochemiker über die

Radiotoxizität des Plutoniums Bescheid gewusst. Es wurde auch befürchtet, das wäre das Ende der Zivilisation, vielleicht des höheren Lebens. Deswegen, hat er gesagt, muss man dagegen sein, und da muss man auch gegen die Spalttechnologie antreten, um den Anfängen zu wehren. Das war für mich auch sehr prägend – ein wesentliches Argument bis heute. Auch die Reaktoren der Generation IV würden auf Plutonium, also Uran 238, das dann in Plutonium umgebrütet wird oder auf Uran 233, das man aus dem Thorium gewinnt, gründen.
Und Broda hat damals auch schon an Solartechnik, an Windkraftwerke, an Biotechnik usw. gedacht. Er war sehr vorausschauend. Am Schluss hat er geschrieben, dass er einige früher vertretene Ansichten revidiert habe – eine Art von Größe, die seinerzeit für einen Ordinarius keine Selbstverständlichkeit war.
Andere denken inzwischen an eine Renaissance der Kernkraft? Wir reden jetzt von den westlichen Staaten: In manchen Ländern wie Frankreich oder Belgien nimmt die Kernenergie einen hohen Stellenwert ein. Global gesehen hat sie bei der Stromerzeugung jedoch wenig Bedeutung. Sie sinkt ja von Jahr zu Jahr eher ab, weil sich andere Energieformen schneller in die Welt setzen lassen als ein Atommeiler.

Ich selber war ja für die Atomtechnologie. Als Paddler wollte ich lieber Atomkraftwerke

---

Um eine größere Rolle zu spielen, müsste man erstens die auslaufenden Kernkraftwerke ersetzen. Das ist schwierig genug. Die Vorstellung ist nicht mehr aufrechtzuerhalten, dass jeder Standort, an dem die Kernenergie ausläuft, ersetzt wird. Weil man hier Befürchtungen hat, behilft man sich mit Laufzeitverlängerung. Man verlängert das prognostizierte Lebensalter eines Kernkraftwerks von sagen wir vierzig Jahren auf sechzig und mehr – auch ein Risikothema.
Es müssten also sehr viele Kernkraftwerke neu gebaut und in Betrieb genommen werden. Aber es gibt gar nicht die Firmen, nicht die Leute, nicht das Personal auf der Bau- und Konstruktionsseite, nicht die Herstellerfirmen, die die Komponenten fertigen können. Zum Beispiel brauchen Sie bei den heute meistverbreiteten Druckwasserreaktoren für den Reaktordruckbehälter große Schmiederinge, mit Stutzen daran. Die können eigentlich seriös nur in Japan hergestellt werden – wo man dem Vernehmen nach für mindestens zwei Jahre ausgelastet ist. Bis hinreichend viele große Schmiedepressen gebaut oder in Betrieb genommen werden und man Leute ausgebildet hat – wie man sie früher einmal hatte –, dauert es Jahrzehnte. Auch die Leute, die dann Kraftwerke betreiben können, stehen nicht mehr zur Verfügung. In den letzten Jahrzehnten war im Westen die Kerntechnik schon nicht mehr eine Hoffnungstechnik, wo der kleine Knabe davon geträumt hat, dass er einmal Reaktorfahrer wird. Das war vor fünfzig oder vierzig Jahren vielleicht so. Auch Forschungszentren wie in Deutschland Karlsruhe und Jülich, oder bei uns in Österreich Seibersdorf, haben verschämt Worte wie »Atom« aus dem Namen gestrichen und machen jetzt etwas anderes. In Amerika genauso. Das heißt, es gibt die Ausbildungsstätten gar nicht mehr. Man hat einen eklatanten Mangel an Personal und selbst an Firmen, die Ersatzteile in Nuklearqualität produzieren.
In dieser Situation von einer Nuklear-Renaissance zu träumen, die wirklich einen signifikanten Beitrag zur globalen Energieerzeugung leistet, liegt im Bereich der Absurdität. Wenn das heute getrommelt wird, ist das ein PR-Gag, damit irgendwer das noch studiert, irgendwer noch daran glaubt. Deshalb lesen Sie überall, »wir werden vierzig neue Reaktoren bauen«. Wenn Sie nachschauen, wer das in der westlichen Welt wirklich macht und substanzielle Verträge abschließt, bleibt – wenn überhaupt – ein halbes Dutzend übrig an wirklich in Umsetzung begriffenen Projekten, etwa in Finnland. Oder in Frankreich, Flamanville, das schaut ernsthaft aus. Beides europäische Gemeinschaftsreaktoren der aktuellen dritten Generation, die angeblich schon inhärent sicher sein soll, was sie nicht ist.
Woher weiß man das? Das ist die Beurteilung von Experten, die sich das genau anschauen. Die sagen: Schön, man hat Verbesserungen angebracht, aber inhärent sicher hieße ja, dass es von den Kausalketten her unmöglich ist, dass ein Unfall passiert, was aber bei Weitem nicht so ist. Es werden zum Teil Dinge verkauft, die nie wirklich erprobt wurden, etwa der berühmte »core catcher«. Mit dem sogenannten »Kernfänger« hat man unter dem Boden des Reaktors eine Art Auffangvorrichtung

geschaffen, die das flüssige Core, also die Kernschmelze, auffangen soll. Ich weiß durch eine eigene Arbeit aus dem Gebiet der Notauffanggrube von Stahlwerken – wenn eine Stahlbirne zu Bruch geht und der flüssige Stahl runtergeht –, da gibt es heute noch Probleme, die nicht wirklich gelöst sind. Zumal in einem Kraftwerk immer Wasser ist, das Dampfexplosionen erzeugt und so weiter, mit Verletzungen und vielleicht sogar Toten. Und die Nuklearindustrie, die ein wesentlich schwierigeres flüssiges Core hat, die will das gelöst haben, ohne dass eins zu eins Großversuche gemacht wurden. Wer wird schon in einem Originalreaktor eine echte Kernschmelze simulieren – ein extrem teures Unterfangen. Es wird einfach behauptet, das funktioniert bereits.

Vorhin erwähnten Sie dieses »Sprechen von der vierten Generation«. Wer betreibt diese Diskussion? Die Industrie, die Internationale Atomenergie-Organisation, oder wer? Man sagt immer Atomlobby; ich gebrauche diesen Ausdruck nicht so gerne. Es sind bestimmte Bereiche der Wissenschaft und der Forschung, die offensichtlich nicht dazu bereit sind, umzudisponieren auf etwas anderes. Daneben gibt es bestimmte, spezialisierte Zweige der Industrie sowie Leute, die Kernenergie betreiben und auf das fokussiert sind, was sie mit viel Mühe gelernt haben, hochspezialisiert. Diese Gesamtheit betreibt das. Aus meiner Sicht ist das eine parasitäre Organisation, die um ihr Überleben kämpft. Das macht natürlich jede Branche. Wer gibt schon zu, dass das, was er macht, nicht mehr notwendig ist und geht zum Arbeitsmarktservice und sagt: »Ich möchte jetzt umlernen, helft mir«. Das ist ein bisschen viel verlangt.

Es ist wie in der Autobranche. Man zahlt lieber Verschrottungsprämien um weiterzumachen, statt mit dem Geld Ingenieure umzuschulen für das, was heute gebraucht wird. Man ist nicht bereit, zu den Ursachen zu gehen und radikal umzudenken. Stattdessen wird möglichst lange Kosmetik betrieben.

Würden Sie in Bezug auf Qualität und Sicherheit differenzieren bei den unterschiedlichen Reaktortypen, die gebaut wurden? In Deutschland waren das ja im Wesentlichen zwei Linien, die im Laufe der Geschichte gebaut wurden… Speziell die deutschen Siedewasserreaktoren wie Isar 1 waren eine Sackgasse; letztendlich wurde diese Baulinie auch aufgegeben. Wir haben mit Zwentendorf ja ein Exemplar dieses deutschen Typs bekommen, weshalb ich mich eingehend mit der Konstruktion befasst habe. Diese sogenannte Baulinie 69 hatte eine Reihe von Geburtsfehlern. Bei der Konstruktion des Druckbehälters etwa war man um eine Verbesserung zu früheren Reaktoren bemüht, indem man drei Wasserschleifen loswerden und dafür Umwälzpumpen im Reaktorboden anbringen

> Von einer Nuklear-Renaissance zu träumen, liegt im Bereich der Absurdität. Ein PR-Gag

wollte. Hierfür hat man sich auf eine Ecknahtkonstruktion eingelassen und einen Tellerboden mit einer Schweißnaht in der Bodenkante angebracht. Das war zumindest einmal gegen die österreichische Dampfkesselverordnung. Es gibt hier Spannungskonzentrationen, die zu einer Verschärfung des Alterungsproblems führen. Auch die Prüfmöglichkeiten sind durch diese Konstruktion sehr erschwert. Der damals zuständige Referent unseres Bautenministeriums meinte, das könnte nach einigen Jahrzehnten zu einem katastrophalen Abriss des Bodens führen.

Was war der Sinn dieser Verbesserung? Die Umwälzpumpen im Reaktorboden müssen Sie sich wie kleine Turbinen vorstellen, die die Kühlflüssigkeit heruntersaugen und durch den Reaktor wieder hochpressen, was an sich eine gute Idee ist. Im deutschen Kernkraftwerk Würgassen gab es noch die außerhalb des Reaktordruckbehälters angebrachten Umwälzpumpen, die im Falle eines Abrisses den Reaktor hätten leerlaufen lassen. Bei den Siedewasserreaktoren der Baulinie 69, also Zwentendorf, Brunsbüttel, Phillipsburg und Isar 1 sowie Krümmel, hat man das geändert. Dann gibt es übrigens noch die weiter verbesserte Baulinie 72 in Gundremmingen, unter anderem mit einem in anderer Hinsicht zwar verbesserten Druckbehälter, aber eben noch immer den Umwälzpumpen im ungünstig gestalteten Reaktorboden.

Natürlich hat der Siedewasserreaktor auch Vorteile gegenüber dem Druckwasserreaktor, der weltweit am häufigsten gebaut wurde. Einer ist, dass sie geringere Drücke haben – etwa im Primärkreislauf statt typischen 140 nur rund 70 bar. Dadurch können Sie die Wandstärke auf die Hälfte reduzieren, also etwa statt 25 Zentimetern nur zwölf bis

15 Zentimeter, was zur Überprüfung natürlich bessere Möglichkeiten bei der Durchleuchtung bietet. Auch schweißtechnisch ist das wesentlich besser in den Griff zu bekommen. Verschiedene konstruktive Details sind beim Siedewasserreaktor einfacher, andere machen es aber schwieriger.
Beim Druckwasserreaktor fallen beispielsweise die Regelstäbe über den Deckel von oben ein, unter dem Einfluss der Schwerkraft. Wenn also Probleme auftreten, werden sie einfach ausgeklinkt, fallen in den Kern und die Kettenreaktion stoppt. Beim Siedewasserreaktor geht das nicht. Da wird nämlich der Dampf im Druckbehälter selbst erzeugt und muss zunächst getrocknet werden. Der Dampf kann nicht samt einer Unmenge kleiner Wassertröpfchen auf die Turbinen geleitet werden, das würde in Kürze die Turbinenschaufel wegschmirgeln. Daher ist im oberen Teil des Reaktordruckbehälters eine recht komplizierte Anordnung von Dampftrockeneinrichtungen eingebaut. Und die verhindern nun, dass hier noch Regelstäbe von oben einfallen könnten – man muss sie vielmehr von unten einführen. Deshalb haben die Siedewasserreaktoren einen Boden, der durchlöchert ist wie ein Sieb mit kleinen Stutzen. Hier werden die Regelstäbe im Notfall mit Druckluft von unten eingeschossen. Das heißt, die Abschaltmöglichkeit des Reaktors hängt von der Technik ab.

> Diese Schweißnaht verstieß zumindest gegen die österreichische Dampfkesselverordnung

Das hat bis heute im Großen und Ganzen funktioniert, aber die Prüfbarkeit ist extrem erschwert. Einen Deckel können Sie abheben und gut inspizieren. Hingegen unten im Druckbehälter, am Grund der Kühlflüssigkeit zu prüfen – das können Sie sich nicht bei jeder Revision leisten. Da müssen schon einige Jahre über die Bühne gehen, bis man das auspumpt und jemanden dort – in einem Bleibehälter eingekapselt – hinunterschickt – dort strahlt es ja wahnsinnig. Manche Bereiche des Stutzenfeldes sind überhaupt nicht vernünftig zu inspizieren. Da können Defekte heranwachsen, bis sie eine kritische Größe erreichen, sodass sie zum Bersten dieses Behälters führen könnten.

Hinzu kommt, dass die Reaktoren der Baulinie 69 zeitlich und auch werkstoffmäßig vor dem sogenannten Konzept der Basissicherheit lagen, das eine Optimierung der Sicherheitsphilosophie darstellte. Professor Kussmaul von der Materialprüfungsanstalt Stuttgart war hier der Mann der Verdienste. Diese Basissicherheit hat zum Beispiel verlangt, dass ein Druckbehälter aus einer möglichst geringen Anzahl übereinander angeordneter Ringe besteht, die miteinander verschweißt werden müssen – also mit möglichst wenig Schweißnähten, denn die sind in gewissem Sinne immer Schwachstellen. Und zwar besonders, wenn man, wie damals üblich, nicht Schmiederinge genommen hat, sondern einfach gerade Bleche zu Segmenten bog, die man mit Längsnähten zu einem Ring verband. Man nennt das einen Behälterschuss. Und hierbei waren Längsnähte nötig. Eine Längsnaht erfährt doppelt so viel Spannung wie eine Rundumnaht. Mit dem Konzept der »Basissicherheit« hat man letztendlich Längsnähte ausgeschlossen. Aber die Siedewasserreaktoren haben alle Längsnähte. Krümmel hat übrigens besonders viele Längs- und Rundnähte. Nach »Basissicherheit« sollte beim Reaktordruckbehälter ein möglichst großer zylindrischer Teil ohne solche Nähte konstruiert werden, insbesondere in der Nähe des Kerns, weil dort die Neutronenstrahlung die Alterung und die Versprödung fördert. Der Druckbehälter in Krümmel hingegen hat besonders viele Ringe übereinander – die Bleche waren offensichtlich nicht so groß –, mit zahlreichen Rund- und Längsnähten. Ein »Fleckerlteppich«, wie man in Wien sagen würde.
Das Konzept der Basissicherheit resultierte aus der Zeit, als man für die BASF in Ludwigshafen am Rhein zum ersten Mal ein Kernkraftwerk in einem dicht besiedelten Gebiet bauen wollte. Da ist einigen Leuten unwohl geworden, auch in der Reaktorsicherheitskommission, und das Kraftwerk durfte so nicht gebaut werden. Die BASF verzichtete. In der Folge hat man die Idee untersucht, Kernkraftwerke mit einem massiven Schutzmantel, dem sogenannten Berstschutz zu umgeben. Der kam seinerzeit nicht über ein Modellstadium hinaus. Was hätten die Anderen gesagt – nur weil wir weniger dicht besiedelt sind, haben wir keinen Berstschutz? Wir haben dann gesagt: Kussmaul statt Berstschutz. Das Konzept der Kussmaulschen Basissicherheit sorgte für eine anerkennenswerte Optimierung. Mich als Werkstoffspezialist inter-

essierten natürlich die Legierungskomponenten und ihre Zusammensetzung – und da wurde ein riesiger Aufwand getrieben. Das wurde von der Planung in jeder Phase, von der Werkstoffauswahl über die Qualitätskontrollen bis hin zum Bau und zur Inbetriebnahme tatsächlich umgesetzt, zum Beispiel bei Isar 2. Deshalb halte ich Isar 2 in dieser Hinsicht auch für ein vergleichsweise »sichereres« Kraftwerk.

Haben Sie als Institut Einfluss auf die Sicherheit in Kernkraftwerken? Wir werden beauftragt, Dinge anzusehen. Wenn Sie ein Kraftwerk anschauen, das fast oder ganz fertig ist wie Temelín oder Mochovce, sehen Sie an den Anlagenkomponenten nicht sehr viel. Am meisten sehen Sie aus den Dokumenten, selbst wenn Verschiedenes nicht wirklichkeitsgetreu dargestellt werden könnte. Aber an Komponenten, die mehrfach lackiert und isoliert sind, sehen Sie nicht viel. Man muss also mit den Leuten vor Ort sprechen. Das, was sie sagen, muss plausibel sein.

Wir machen dann bestimmte Vorgaben. Dazu brauchen Sie einen Maßstab, den Sie zugrunde legen. Hierzu taugt natürlich nicht meine grundsätzliche Einstellung, nach der ich diese Technologie für verfehlt oder für eine Übergangstechnologie halte. Da wäre das Ergebnis von vornherein klar und eine Untersuchung sinnlos. Es sind also andere Maßstäbe, die wir zugrunde legen, pragmatisch-plausible. So haben beispielsweise die Tschechen behauptet, dass ihr Kraftwerk in Temelín mindestens so gut ist – wenn nicht sogar besser – wie die besten Kernkraftwerke, die in der Europäischen Union zuletzt noch fertiggestellt wurden, etwa die deutsche Konvoi-Baureihe [die standardisiert errichteten letzten drei Reaktoren der deutschen »Kraftwerk Union«].

Welche sind das? Zum Beispiel Isar 2 in Bayern. Ein Kraftwerk mit Druckwasserreaktor. Das ist für mich, nach allem, was man so weiß, ingenieursmäßig gesehen ein ordentliches Kraftwerk – auch, weil es am Höhepunkt der technologischen Entwicklung einer im Schwinden begriffenen wohlhabenden Epoche entstanden ist. Ich glaube nicht, dass die Reaktoren, die jetzt gebaut werden, noch so gut sind. Die sind nur auf dem Papier sehr gut. Aber man hat das Geld nicht mehr, das ist wie mit neuen Autos. Aus meiner Sicht ist ein Auto, das um die zehn bis 15 Jahre alt ist, auf einem besseren Stand, sozusagen. Es wurden haltbarere Werkstoffe verwendet und weniger Elektronikchips, die man nicht selber reparieren kann und bei denen man davon abhängig ist, dass die aus Fernost geliefert werden. Heute wird – durch den unglaublichen Konkurrenzkampf und diesen riesigen neoliberalen Druck – das Zeugs einfach billiger und schlechter, mit mehr Verschleiß. Der Umsatz muss gesteigert werden. Also ein epigonales Verhalten unserer ganzen Ingenieurskultur. Und das wird mit Sicherheit auch vor den neuen Kraftwerken nicht haltmachen.

Also, Isar 2 halte ich für solide – obschon mit teils veralteten Konzepten. Man weiß vieles heute besser, was man besser bauen könnte, wenn man es täte. Aber immerhin. Und so haben wir bei der Einschätzung zu Temelín gesagt, gut, wir ziehen also die deutschen Konvoi-Reaktoren als Maßstab heran oder die letzten vier Kraftwerke, die in Frankreich fertig wurden – ein etwas anderes Konzept –, vielleicht auch Sizewell B in England, auch ein ganz nettes Kraftwerk. Mit digitaler Elektronik, relativ moderne Anlagen. Die nehmen wir als unsere Vergleichsmaßstäbe.

Wie haben Sie diese Maßstäbe dann angewendet? Sie können nicht die verschiedenen Standards eins zu eins nehmen, denn die Standardsysteme müssen untereinander kompatibel sein. Das heißt, ein sehr gutes deutsches Kraftwerk würde wahrscheinlich in Frankreich aufgrund anderer Standards dort auf Genehmigungsschwierigkeiten stoßen. Man muss sich zuerst überlegen, macht das Sinn und ist das kompatibel, wenn in russisches Kraftwerksdesign ein deutscher oder ein amerikanischer Teil eingebaut wird wie im Kernkraftwerk Temelín in Tschechien.

> Isar 2 ist für mich ingenieursmäßig ein ordentliches Kraftwerk. Ich glaube nicht, dass die neuen Reaktoren noch so gut sind

Wir haben versucht, diese Maßstäbe in den Kernkraftwerken Temelín und Mochovce anzuwenden. Man hatte dort zwar Verbesserungen gegenüber dem ursprünglichen Zustand der Anlage erreicht, aber man konnte unsere Maßstäbe für bestimmte wichtige Sicherheitsbereiche nicht wirklich erfüllen. Es wurde versucht, bei diesen Kraftwerken ein

Stück weit Maßstäbe wie in Bulgarien anzuwenden. In Sofia würden die Lichter vielleicht ausgehen, wenn man die russischen Kraftwerke vom Netz nähme, bei Temelín oder Mochovce wären aber die Lichter in Prag oder Bratislava nicht ausgegangen, sondern ganz im Gegenteil, diese Kernkraftwerke wurden zusätzlich ans Netz gebracht. Der Strom aus Temelín wurde lange Zeit billiger verkauft als die Produktion gekostet hat. Damit wurde gewissermaßen die deutsche Industrie subventioniert – mehr oder weniger nur, damit diese Society ein Kraftwerk hat, das ihnen die Existenzberechtigung wieder bescheinigt.

Aber wie machen Sie diese Untersuchungen? Lassen Sie sich die Dokumente schicken? Wir machen Begehungen, die wir mit den Experten – unseren Gesprächspartnern vor Ort – vereinbaren, wobei ich sagen muss, dass wir immer auf sehr qualifizierte Experten gestoßen sind. Gute Leute, die viel lieber ein besseres Kraftwerk hätten. Davon leben wir natürlich, dass wir das zumindest in den Vier-Augen-Gesprächen heraushören. Die freuen sich auch, wenn wir Druck machen – sie sagen das natürlich nicht, man spürt es aber –, weil sie dadurch vielleicht etwas Besseres bekommen. Wir haben auch schon gehört, »wenn ihr lästigen Kerle uns nicht ständig Schwierigkeiten bereitet hättet, dann hätten wir nicht so viel Geld bekommen für die Verbesserung«. Das ist unsere Rolle: Wir sind lästig.

In gewissem Sinne geht das einher mit der Arbeit der Internationalen Atomenergie-Organisation. Die IAEO ist keine Organisation, die irgendeinen absägt oder in der zivilen Nukleartechnik einen Durchgriff hat. Sie ist eine reine Serviceorganisation, zu der man als Kernkraftwerk geht wie zum Vertrauensarzt: Man berichtet über eine peinliche Krankheit und kann mit absoluter Verschwiegenheit rechnen. Die IAEO publiziert solche Ergebnisse nur, wenn der »Patient« zustimmt. Die IAEO sagt gleichzeitig sehr vornehm zu Ihnen – ohne, dass das als Kritik formuliert wird –, »liebe Leute, da wäre eine Verbesserung möglich«. Nach ein paar Jahren kommen sie wieder, schauen und loben Sie, wenn Sie es verbessert haben. Wenn nicht, sagen sie, »naja, das haben wir damals schon gesagt, man sollte das doch verbessern«. So ungefähr funktioniert das. Das hat seinen Sinn, weil dadurch die Kraftwerke eine Instanz haben, bei der sie sozusagen ihre Sorgen abladen können und wissen, das wird nicht sofort an die große Glocke gehängt.

Wer leistet überhaupt die Atomaufsicht? Wer beaufsichtigt Kernkraftwerke? Das ist eine spannende Frage. Es wird immer fälschlich geglaubt, die Internationale Atomenergie-Organisation hier in Wien mache das. Die macht das aber nicht. In ihren Statuten steht, dass sie für die Weiterverbreitung dieser Technologie zuständig ist. Und ihr auch die Sicherheit ein Anliegen ist, das schon. Sie hat aber keinerlei Aufsichtsmacht und auch keine Ambitionen, etwas zu beaufsichtigen. Sie würde eine solche Verantwortung sogar von sich weisen und betonen, dass die Verantwortung für ein Kernkraftwerk immer nationale Sache ist. Und national ist primär der Betreiber verantwortlich, also das Kraftwerk oder die Gesellschaft, der das Kraftwerk gehört. Die haften auch. In zweiter Instanz ist es die staatliche Aufsichtsbehörde. Diese beiden sind für die sogenannte Atomaufsicht verantwortlich. Man sagt oft, »so gut wie die Aufsichtsbehörde ist, so sicher ist auch das Kraftwerk«. Und mit den Aufsichtsbehörden liegt vieles im Argen – es sind nicht alle hinreichend unabhängig, in verschiedener Hinsicht. Oft sind die Gehälter viel schlechter als die der Leute, die im Kraftwerk arbeiten. Die Aufsichtsbehörden können auch nicht alles leisten. Sie haben zu wenig Personal und nicht alle nötigen Fachleute. Somit sind sie auf die Unterstützung sogenannter TSOs – technical support organisations – angewiesen.

Zum Beispiel muss irgendetwas im Kernkraftwerk verbessert oder repariert werden. Das macht eine nationale Firma. Und dann kommt die Aufsichtsbehörde, die das beurteilen soll, kann das aber nicht. Jetzt sucht sie sich solch eine technische Organisation, und davon hat man vielleicht nur eine oder zwei, gerade in kleinen Ländern. Da kann es schon passieren, dass die Firma, die die Reparaturen gemacht hat, mit der Organisation verquickt ist, die dann beurteilt, wie gut die Reparaturen gemacht wurden. So etwas kommt vor und das ist für die Sicherheit natürlich nicht sehr gut.

> Ohne das Kernkraftwerk Temelín wären die Lichter nicht ausgegangen. Es hat gewissermaßen die deutsche Industrie subventioniert

Ein Amerikaner von der IAEO, der als Spezialist für Sicherheitskultur aufgetreten ist, hat in einem Vortrag an unserem Institut gesagt, sein erster Weg in einer Nuklearanlage sei immer auf die Toiletten. Er schaut sich an, wie sauber die sind und schließt daraus, wie ambitioniert die Leute dort mit der Sicherheit umgehen. Das ist vielleicht etwas anekdotisch, aber es hängt schon vieles davon ab, wie sehr man sich an die Vorschriften gebunden fühlt. Es gibt ein breites Spektrum, wie ambitioniert die Leute sind und welchen Einsatz sie über das hinaus betreiben, was sie machen müssen. Es gibt natürlich diesen ständigen Zwiespalt: einerseits das Geschäft und das Geldeinspielen durch das laufende Kernkraftwerk. Andererseits – im Interesse der Sicherheit – Verzicht üben, Abschalten und Reparieren. Das ist ein ewiger Widerspruch.

Haben sich diese Parameter durch die Marktliberalisierung geändert? Das ist schwer zu beweisen. Aber wir befürchten, dass durch die Marktliberalisierung, den erhöhten Druck auf die Betreiber, weniger Geld da ist, das für die Sicherheit ausgegeben werden kann. Die müssen schauen, dass sie ihr Geld einspielen. Und das, glaube ich, ist in allen Bereichen der Technik so. Wir haben schon gesehen, dass teilweise Normen heruntergefahren werden. Sie sehen das auch schon in den Bestrebungen, sich nicht mehr auf diese teuren Genehmigungsverfahren einlassen zu wollen. Am liebsten hätte man sozusagen die Genehmigung von der Stange: Man erfüllt eine bestimmte Norm und diese Norm ist dann für alle Geografien passend. Das kann natürlich nie funktionieren. Denn die Standorte sind derartig unterschiedlich im Hinblick auf die Naturgefahren. Es ist nicht dasselbe, ob ich an einer Meeresküste baue oder im Bergland. Ob ich einen Fluss in der Nähe habe, ob das Gebiet seismisch hochbelastet ist oder als weniger bedenklich gilt.

> In Deutschland investiert man in diese auslaufende Technologie nur noch zögerlich. Daher vielleicht die Häufung von Störfällen

Haben Sie den Eindruck, dass in Deutschland diese »Normeninflation« schon eingesetzt hat oder ist es dort im Zuge der verschiedenen Regierungswechsel anders? Es gibt internationale Trends, die vor den Grenzen nicht haltmachen, und da sind auch für die Bundesrepublik Probleme zu befürchten. Für Deutschland gibt es – neben dem von mir begrüßten Ausstieg aus der Atomwirtschaft – das Problem, dass man in eine Technologie, die ausläuft, nur noch zögerlich investiert. Und das wäre vielleicht eine Erklärung für einen Teil der relativen Häufung von Störfällen – die an sich, wenn man sie im Einzelnen sieht, nicht immer so dramatisch sind, wie sie vielleicht in den Medien oder von den Gegnern der Technologie dargestellt werden –, aber durch ihre Häufigkeit insgesamt zu ernsten Bedenken Anlass geben.

Wir haben zuletzt in einer Studie versucht herauszufinden, ob man aus der Vielzahl der ernsteren Störfälle, die einmal im Jahr oder alle zwei Jahre auftreten – und auch der sehr viel häufigeren weniger bedenklichen – systematisch auf eine Schwachstelle im System schließen kann. Oder kann man daraus schließen, dass das in der Technologie selbst begründet und nicht besser machbar ist. Und wir haben dann zugeben müssen, dass wir das nicht beurteilen können, weil die Standards, nach denen Zwischenfälle gemeldet werden, erstens verbesserungswürdig sind und zweitens sehr unterschiedlich gehandhabt werden. Beispiel INES-Skala: Da gibt es Staaten, von denen wir annehmen, dass sie technologisch sehr gut dastehen. Die melden mehr Störfälle als Staaten, von denen wir nicht diesen Eindruck haben. Es bleibt nämlich sehr auch dem Betreiber überlassen, was er meldet und was nicht. Und diese Meldungen werden dann unterschiedlich bewertet. Die von uns angestrebte Beurteilung würde voraussetzen, dass man viele Jahre hindurch sehr standardisiert die Vorkommnisse beobachtet.

Generell müssten wir uns fragen: Wie sieht es mit der Gesamtsituation aus? Wird durch Fortschritt und Technik die Atomtechnologie sicherer? Oder gibt es gegenläufige Tendenzen? Meine Antwort wäre: Es gibt selbstverständlich Verbesserungen, die man auch anerkennen muss. Man hat Lektionen gelernt. Insbesondere aus dem Unfall von Three Mile Island bei Harrisburg hat man hunderte von Verbesserungsvorschriften international kursieren lassen und diese sogenannten TMI Upgradings wurden mehr oder weniger auch umgesetzt.

Ein zweiter Punkt liegt beispielsweise in der EDV, die sehr viel mehr an Monitoring ermöglicht: Erfassen von Schwierigkeiten, Lagerhaltung und so

weiter. Das wird alles viel einfacher und schneller. Auch die Überwachung der Parameter geht einfacher. Es kommen aber wieder Schwierigkeiten hinzu, wenn man sich zu sehr darauf verlässt und ein System ausfällt. Aber wenn man es gut macht und redundante Systeme hat – also mehrfach abgesichert hat –, ist es sicher ein Fortschritt.
Für einen wesentlichen Fortschritt halte ich auch das Eingeständnis der Begrenztheit der Möglichkeiten. In Tschernobyl und in Three Mile Island war es ja so, dass die Technologen und die Techniker

Ein Fortschritt ist das Eingeständnis der Begrenztheit der Möglichkeiten. Die Russen hatten noch ihre Messgeräte für kaputt gehalten. Die wussten nicht, dass sie ihr Leben opfern

vor Ort überrascht waren, dass so etwas Schwerwiegendes überhaupt passieren kann. Es wurde ihnen eingeredet, dass das nicht sein kann. Das Restrisiko bestehe nur für Spinner und Angstmacher – pathologisch geradezu, an sowas zu denken. Und die Russen – ich weiß das von Leuten, die in Tschernobyl vor Ort gewirkt haben – haben ihre Messgeräte schlichtweg für kaputt gehalten, als diese auf Vollausschlag gegangen sind. Auch die Feuerwehrleute, die dort mit Feuerwehrspritzen agiert haben, waren nicht vorbereitet. Die wussten nicht, dass sie ihr Leben opfern. Diese 31 Feuerwehrleute sind zugrunde gegangen am akuten Strahlensyndrom – gegrillt von den Strahlen.
Heute ist das anders, da gibt es die sogenannten SAMGs – Severe Accident Management Guidelines –, quasi Notfallverordnungen, die in den Kraftwerken eingeführt werden. Man hat Vorschriften für Betriebsstörungen, die sich innerhalb des Sicherheitsapparats abspielen. Ähnlich, wie wenn Sie sich im Auto den Sicherheitsgurt anlegen und sehen, es wird unvermeidlich, bremsen ab und rutschen noch mit 15 km/h irgendwo hinein. Da wird der Sicherheitsgurt wahrscheinlich funktionieren, vielleicht mit blauen Flecken auf den Rippen, aber Sie werden geschützt. Haben Sie den Sicherheitsgurt nicht, kann es passieren, dass Sie danach blind sind, weil sie sich an den Glasscheiben die Augen ausstechen oder Sie sterben sogar. Wenn Sie aber mit 180 km/h frontal auf einen Autobahnpfeiler sausen, wird Ihnen nichts mehr helfen, auch kein Airbag. Das wäre sozusagen ein Unfall außerhalb der konstruktiven Sicherheitsmaßnahmen. Für das, bei dem der Sicherheitsgurt mit 15 km/h hilft, gibt es also die Betriebsstörungsvorschriften für die Kernkraftwerksoperateure. Wenn aber dann der wirklich schwere Unfall eintritt und sie merken, jetzt verlieren sie die Anlage, die Kernschmelze ist unvermeidlich, dann brechen sie nicht in Panik aus oder sagen, das gibt es nicht, sondern legen das Buch mit den Betriebsstörungsvorschriften weg und nehmen diese SAMGs. Da steht dann drin – das muss natürlich auch trainiert werden –, was zu tun ist. Dann werden selbst Maßnahmen ergriffen, bei denen die Anlage geopfert wird, aber eben solche, mit denen man Zeit gewinnt und vielleicht das Ausbrechen der Strahlensubstanzen in die Umwelt verspätet geschieht – damit man Leute evakuieren oder in Bunkern unterbringen kann, die Jodprophylaxe [Verabreichung von Jodtabletten, um die Anlagerung radioaktiven Jods in der Schilddrüse zu vermindern] starten kann und einiges andere mehr. Oder wenn etwas rausgeht, dass es durch Wasservorlagen geht. Es gibt Sprühsysteme, die schlagen noch Nuklide nieder, die dann nicht mehr verdampfen. Es gibt eine Reihe von sinnvollen Dingen, die man noch machen kann. Ich halte das für einen wesentlichen, fast *unglaublichen* Fortschritt, wenn jemand, der eine Technologie betreibt, auch weiß, es kann schiefgehen und entsprechend trainiert. Und es kann ordentlich schiefgehen – katastrophal schiefgehen.
Eine weitere Verbesserung wäre die probabilistische Sicherheitsanalyse, durch die sogenannte heiße Pfade entdeckt werden können. Hierbei gelangt man zu technischen Verbesserungen, indem man aus der Statistik der Verschleißteile und der Schadensfälle geeignete Schlüsse zieht: »Also, da ist eine heiße Spur, hier müssen wir investieren.« Allerdings kann man nicht alles mit dieser Methode erfassen und voraussagen. Alterungsphänomene etwa oder auch das Verhalten des Faktors Mensch lassen sich so nicht modellieren.
So, was sind die Nachteile? Das ist auch eine lange Latte. Über den Mangel an Firmen und Personal auf allen möglichen Ebenen sprach ich schon. Die erfahrenen Leute, die noch wissen, wo man Leichen versteckt hat beim Bau, gehen reihenweise in Pension. Erstens: Aufgrund der Tatsache, dass die Nukleartechnologie keine Traumtechnologie mehr

war – zumindest im Westen – gibt es einen Mangel an Firmen, die Ersatzteile in Nuklearqualität liefern können. Und einen eklatanten Mangel an Personal auf allen möglichen Ebenen – von den Monteuren bis zu den Reaktorfahrern – bei den Betreibern wie bei den Sicherheitsbehörden. Des Weiteren macht man Leistungserhöhungen, um mehr Geld zu verdienen. Wenn Sie aus einer bestimmten Maschine mehr herausholen wollen, gibt es zwei Möglichkeiten: Die völlig ungefährliche und ökonomisch sehr vernünftige ist, wenn ich auf der Sekundärseite die Turbine verbessere und mit der gleichen primärseitig hineingesteckten Leistung mehr herausbekomme. Aber wenn ich so wie beim Moped den Zylinder aufbohre, damit da mehr Leistung umgesetzt wird, dann geht das als Verschleiß natürlich auf die Werkstoffe. Und das wird zum Teil bei den Kernkraftwerken auch gemacht. Da gibt es Faktoren, die das Risiko wieder erhöhen.

Wie macht man das bei Kernreaktoren? Indem man schlicht die Leistung erhöht. Man versucht bei der Kernspaltung mehr Energie umzusetzen. Wie gesagt, es gibt Effizienzmaßnahmen, die sinnvoll sind, aber auch welche, die auf die Werkstoffe gehen.

Man fährt die Anlage einfach stärker aus? Ja, und erhöht auf diese Weise die Belastung für den Werkstoff, insbesondere dessen Alterung. Das sind solche Faktoren.

Und dann haben wir noch ein eigentlich übergreifendes Phänomen: die Weltsituation. Die Welt von vor fünfzig Jahren ist nicht mehr die gleiche wie heute. Wir haben eine weiter angestiegene Erdbevölkerung bei erhöhtem Ressourcenmangel und vor allem einer zunehmenden Verteilungsungerechtigkeit. Diese drei Faktoren führen fast gesetzmäßig zu einer Erhöhung der Militanz im Allgemeinen. Die Aggression steigt auf allen möglichen Ebenen, vom Terrorismus bis zum erklärten Krieg. Und da ist eine Technologie, die sehr verwundbar ist, die zur kritischen Infrastruktur gehört, schnell einmal kontraproduktiv. Wenn ein Staat Kernkraftwerke hat, ist er enorm verletzlich. Sie können eine militärische Attacke gegen ein Kernkraftwerk überhaupt nicht abwehren und auch terroristische Angriffe sind heikel. Die Kernkraftwerke leben davon, dass die Terroristen bis jetzt sehr schonend umgegangen sind mit dieser Technologie. Es hat einige Versuche gegeben, die aber relativ glimpflich ausgingen.

Welche Versuche gab es da? Während des Jugoslawienkriegs hat es sehr wohl feindselige Angriffe auf das slowenische Kernkraftwerk Krško gegeben. Das wurde nicht öffentlich bekanntgegeben, aber dem Vernehmen nach wurden drei der insgesamt vier Stromleitungen gesprengt. Wenn Terroristen nur die Stromleitungen kappen, kommt ein Kernkraftwerk sehr leicht in Schwierigkeiten. Wenn es seinen Strom nicht los wird, muss es in einen Zustand gehen, wo es nur auf Eigenbedarf fährt und das ist ein Balanceakt. Meistens muss es dann abgeschaltet werden und genau dann braucht es wieder Strom. Da hat man für kurze Zeit Maßnahmen, Notstromdiesel und so weiter. Ein Kernkraftwerk braucht wegen der Nachzerfallswärme nach dem Abschalten sehr viel Strom, zumindest anfangs, weil die bereits gespaltenen Substanzen unabänderlich weiterstrahlen und viel Hitze abgeben, zirka sieben Prozent der Nennleistung. Wenn Sie also ein Kraftwerk mit 1000 Megawatt Leistung haben, werden unmittelbar nach Abschalten des Reaktors noch 70 Megawatt produziert. Wenn dann die Kühlkreisläufe nicht massiv weiterfunktionieren, schmilzt das Core einfach. Dann haben Sie Kernschmelze, etwas Tschernobylähnliches.

Es handelt sich also um eine empfindliche Sache. In der öffentlichen Meinung wird immer davon ausgegangen, Terroristen müssten zuerst ins Containment eindringen, bis sie an den Reaktor kommen. Das stimmt nicht. Sie können auch an der Infrastruktur böse Sachen machen, die dann sehr schlechte Auswirkungen haben. Einige Anlagenteile liegen nicht in diesem extrem geschützten Bereich, von dem man behauptet, er sei sicher gegen

> Die erfahrenen Leute, die noch wissen, wo man beim Bau Leichen eingegraben hat, gehen reihenweise in Pension

einen gezielten Flugzeugabsturz der Klasse soundso. Leute, die die Technologie durchschauen, wissen, sie können Unfug treiben mit viel einfacheren und billigeren Mitteln.

Gerade unsere westliche Zivilisation hat sozusagen Damoklesschwerte an Rosshaaren aufgehängt über den Köpfen, jede Menge – aber wir benehmen uns nicht so. Damit meine ich, dass wir den Großteil unserer Ressourcen von den armen

Ländern holen, den sogenannten Entwicklungsländern. Und die beginnen sich zu wehren. Die haben nicht die Möglichkeit, sich mit Armeen zu wehren; sie können nur auf unsere verwundbaren Achillesfersen losgehen. Das ist es, was ich als einen der Hauptgründe betrachte, warum die Sicherheit zunehmend gefährdet wird. Aus technischen Problemen heraus, aber auch aus Gründen der menschlichen Aggression. Gegen den Faktor Mensch ist kein Kraut gewachsen.

Nochmals zur Problematik des hochradioaktiven Abfalls: Könnte in Zukunft die sogenannte Transmutation für seine Reduzierung sorgen? Die Transmutationstechnologie ist eine Hoffnung, die langlebigen Spaltprodukte loszuwerden und in kürzerlebige, vielleicht sogar überhaupt nicht mehr radioaktive Kerne umzuwandeln. Man hat an einzelnen Isotopen Erfolge erzielt, die konnte man zerlegen in Sachen, die sofort zerfallen sind und dann nicht mehr radioaktiv waren. Aber in der Praxis funktioniert das noch nicht, da die Spaltprodukte im Reaktor in einem Salat von Elementen anfallen. Es ist zu befürchten und auch wahrscheinlich, dass manche in kurzlebige zerlegt werden, aber aus anderen neue entstehen können, die wiederum sehr langlebig sind. Man müsste also dieses Elementgemisch zunächst trennen. Das ist aufwendig und teuer, aber erst wenn die Spaltstoffe getrennt vorliegen, kann man daran denken, sie einzeln zu transmutieren. Bisher gibt es weltweit keine Anlage, die das großtechnisch kann, es gibt nur quasimikroskopische Versuche. Ich bin sehr dafür, dass man das weiter verfolgt. Auch wenn es viel Energie, Zeit und Geld kostet, wäre es im Interesse unserer Nachkommen, wenn man sie von dieser Belastung von Jahrtausenden befreien könnte. Aber als Berechtigung, weiterhin radioaktive Stoffe durch kerntechnische Prozesse zu erzeugen, taugt es nicht, denn es ist sehr fraglich, ob die Behandlung von radioaktivem Abfall durch Transmutation je richtig gelingt. Zurzeit ist daher die einzig richtige Strategie, keinen weiteren Strahlenmüll zu erzeugen.

Das heißt, was übrig bleibt, fällt unter die sogenannte Endlagerproblematik? Man hat ja viele Möglichkeiten durchdacht. Den Atommüll in den Weltraum zu schießen, in den Mond, in die Sonne. Man wollte ihn im Eis der Antarktis lagern – das jetzt verschwindet –, am Meeresgrund oder unter dem Meeresboden. Glücklicherweise hat man all diese Horrordinge aufgegeben. Von allen Möglichkeiten bleibt letztlich immer nur die Lagerung auf unserem Planeten und da gibt es – abgesehen von der Transmutation, die vielleicht einmal etwas werden wird – noch zwei Möglichkeiten: die Lagerung oberflächennah oder die Lagerung in der Tiefe. Der Mainstream verfolgt das Konzept einer tiefengeologischen Lagerung. Man kann jedoch nicht beliebig tief gehen; tiefer als in 1200 Metern wird es ungemütlich warm und auch flüssig. Man hat also eine relativ schmale Schicht zwischen einigen hundert Metern Tiefe und diesen 1200 Metern. Und dieses Konzept ist immer damit verbunden, früher oder später diese Lagerstätte unzugänglich zu machen. Auch in Deutschland hätte man – selbst in dem sehr fortschrittlichen rot-grünen Bürgerbeteiligungsverfahren namens »Arbeitskreis Endlager« – diesem Unzugänglichmachen zugestimmt, mit dem Argument, dass Terroristen keinen Zutritt haben sollen.

Das wahre Argument dahinter ist natürlich ein technisches. Sie können nicht für den Zeitraum, zu dem sich der »AK-End« durchgerungen hat, eine solche Lagerstätte als »nicht störbar« zu deklarieren – man hat den ungeheuren Zeitraum von rund einer Million Jahre angesetzt – garantieren, dass kein Wasser hinunterkommt. Wenn etwas 1000 Meter tief gelagert wird, muss man sich auch damit befassen, wie man das auspumpt. Da hätte jemand nachrechnen können und so war klar: So eine Lagerstätte muss unzugänglich gemacht werden. Sie muss also verfüllt werden und damit kann man sie praktisch auch nicht mehr kontrollieren. Man

---

Transmutation: In Kernreaktoren entstehen durch Einfang freigesetzter Neutronen eine Reihe schwerer künstlicher Elemente wie Thorium, Plutonium, Neptunium oder Americium. Sie sind radioaktiv und haben sehr lange Halbwertszeiten. Damit stellen diese Stoffe ein Hauptproblem für die Endlagerung des nuklearen Abfalls dar. Unter »Transmutation« werden Verfahren gefasst, bei denen diese langlebigen Elemente durch erneute Bestrahlung in stabile, also nicht radioaktive Elemente oder in kurzlebigere Strahler umgewandelt werden sollen. Man hofft so, die Langlebigkeit des Strahlenmülls aus dem Bereich von hunderttausenden von Jahren auf Jahrtausende oder Jahrhunderte reduzieren zu können. Die meisten Konzepte zur Transmutation sehen vor, dies in zukünftigen Kernreaktoren zu vollziehen. Eine Transmutation der großen Menge bereits verglaster Abfälle aus den Wiederaufarbeitungsanlagen Sellafield oder La Hague gilt als unrealistisch, weil äußerst aufwendig.

---

weiß dann nicht mehr, was da unten los ist. Und es gibt natürlich die verschiedensten Möglichkeiten durch Naturgewalten, um dieses Lager zu stören. Da hilft es auch nicht, dass man Lagerstätten wählt, von denen man nach Stand der Forschung annimmt, dass diese spezielle Lagerstätte für Jahrmillionen ihre äußerliche Form nicht wesentlich verändert hat.

Zu der Frage, wie das hydrogeologisch aussieht, also welche Wasserwegigkeiten es geben kann, herrscht wenig Wissen. Es ist schwierig, Voraussagen zu machen. Unterirdische Wasserwegigkeiten könnten sich den Zutritt zur Lagerstätte bahnen. Die technischen Barrieren, die man machen kann, liegen in der Größenordnung von Jahrtausenden, sind aber nicht für zehntausende, hunderttausende oder gar Millionen Jahre gut. Man muss sich also auf geologische Barrieren verlassen. Wenn aber Wasser Zutritt hat, kann es sich unterirdisch über viele Quadratkilometer ausbreiten. Hydratkomplexe von Plutonium migrieren angeblich sehr gut – und sind dann irgendwann in der Biosphäre verteilt, nicht mehr rückholbar. Das muss aber gar nicht so ein sanfter Weg sein. Die Erdkruste, die in Bewegung ist, kann sich einen anderen Weg suchen und ein sehr ruhiges Gebiet wird plötzlich zu einem Gelenk, von dem Schichten abgleiten, und dann haben Sie Möglichkeiten für Austritte. Es kann auch zu Vulkanismus kommen oder zu Schürfungen durch Gletscher. Eine Million Jahre sind vielleicht ein halbes Dutzend Eiszeiten. Ein eiszeitlicher Gletscher von einigen Kilometern Mächtigkeit kann leicht den Untergrund bis zu einem Kilometer Tiefe »ausschürfen«. Und dann ist das Lager vielleicht irgendwo in der Donau oder sonst wo.

Ich glaube, dass es zurzeit keine gute Lösung gibt; man muss die am wenigsten schlechte nehmen. Und da wäre mir lieber, den hochaktiven Abfall nicht in großen Tiefen zu vergraben und unsere Nachfahren im Ungewissen zu lassen. Ich möchte, dass man diese gefährlichen Stoffe kontrollieren kann. Und man muss die, die nach uns kommen, darauf vorbereiten und jetzt eine Institution etablieren – genauso wie wir eine Gesundheitsfürsorge haben oder eine Justiz –, die auf das Zeugs aufpasst. Ich möchte diese Lager kontrollierbar und notfalls auch rückholbar haben. Wenn man merkt, das Lager ist nicht mehr zu halten wegen seismischer Aktivitäten, wegen Wassereinbrüchen, dann muss es die Möglichkeit geben, das Gelagerte herauszuholen. So muss auch die Technologie geartet sein. Man kann das nicht mit irgendeinem Tonmaterial zuschmieren, mit dem Argument, dass dann die Diffusion erschwert ist. Ich möchte da herumgehen und diese Behältnisse kontrollieren können, auch um das Material, falls jemals möglich, dann transmutieren zu können.

Wir haben uns hier einen Buckel aufhexen lassen und mit dem müssen wir jetzt fertigwerden. Das jetzt einfach zu tief unter der Oberfläche einzulagern und zu tun, als ob es weg wäre, ist eine Vogel-Strauß-Politik, die ich nicht möchte. Eine weitere Konsequenz wäre, nicht ein einziges Lager für die Welt oder ein Lager für Amerika und eins für Europa zu machen, sondern eher zu dezentralisieren. Nicht all eggs in one basket – sodass, wenn etwas passiert, die halbe Welt betroffen ist –, sondern eher viele Lagerstätten, wo die Konsequenzen eher von einer lokalen Gemeinschaft irgendwie verkraftbar sind. Da wird zwar die Wahrscheinlichkeit steigen, dass da Lagerinhalte freigesetzt werden, aber es wird verkraftbar sein. Also das wäre mein philosophischer Ansatz. Hierzu müssten Technologien entwickelt werden. Ich behaupte nicht, ich wüsste, wie das im Einzelnen durchgeführt wird. Aber ich bin da eher für dieses »Hüterkonzept« als für ein Verdrängungskonzept.

> Ein eiszeitlicher Gletscher schürft leicht den Untergrund bis zu einem Kilometer Tiefe aus. Dann ist der Atommüll in der Donau oder sonstwo

Das Wichtigste bleibt also die Abfallvermeidung. Mit jedem Jahr, das die Reaktoren weiterlaufen, wird die Menge vergrößert und man wird mehr Lagerstätten brauchen, es müsste mehr hinein pro Lagerstätte. Es wird also immer unangenehmer für unsere Nachfahren.

Bleibt uns also in Zukunft nur der »Fluch« der Kernkraft erhalten? Man könnte auch so argumentieren: Jawohl, es hat Three Miles Island gegeben und Tschernobyl; man hat viel gelernt, die technische Entwicklung, der Fortschritt, ja, man weiß heute, das ist riskant, es gibt Schäden. Aber nun sind neue Risiken aufgetaucht: Energiemangel, die fossilen Brennstoffe gehen aus. Treibhauseffekt,

Klimawandel. Und da müsste man die Kernenergie vielleicht neu überdenken, dass sie möglicherweise das geringere Übel ist. Und dass man ein noch größeres Übel verhindern kann, indem man doch zu einer riskanteren Technologie greift, die aber hinreichend verbessert wurde. Das könnte schon überzeugend wirken.

Es wird immer gerne gezeigt, dass die Kernenergie so überlegen wäre, da wird ein kleiner Würfel gezeigt und der hat dann den gleichen Energieinhalt wie ein ganzer Eisenbahnzug Kohle. Man zeigt aber nicht, was an dem Würfel alles dranhängt, welche

> Die Terroristen sind bis jetzt sehr schonend umgegangen mit der Atomtechnologie

Infrastruktur, bis man diesen Würfel hat und was man alles dazu braucht, dass aus diesem Würfel Energie rauskommt. Der Würfel kann nicht einfach im Raum schweben und Energie erzeugen, sondern er braucht eine unglaubliche Infrastruktur und auch sehr langfristig eine zeitliche Dimension über Jahrmillionen.

Der Kernenergie – auch wenn man jetzt annimmt, dass man alle Probleme mit der Gefährlichkeit gelöst hat – bleibt das Problem, dass sie eine zu geringe Kapazität hat und zu spät kommt. Das ist wahrscheinlich auch für Fans dieser Technologie und auch für Leute, die glauben, dass man die Lagerung lösen kann und dass die Transmutation funktionieren kann, das Hauptproblem, einfach die Rechtzeitigkeit. Man hat ja nur 15 Prozent der weltweiten Stromerzeugung durch Kernenergie abgedeckt, zurzeit. Und da wir sowieso weniger Energie produzieren müssen, aus globalen Überlegungen, wegen eines Energiedeckels, der eigentlich besteht für die Biospähre, würde die erste Energie, auf die man verzichten müsste, sowieso die Atomenergie sein. Und dann in zweiter Linie die fossile Energie. Man muss auf lange Sicht mit dem auskommen, was erneuerbar angeboten wird. Das ist auch eine Frage der Technologie. Es gibt also viele Konzepte, die sehr attraktiv aussehen.

Warum werden die nicht umgesetzt? Schlicht und einfach weil bestimmte Gruppierungen an der Macht sind und ihre Macht nicht abgeben wollen. Das ist zutiefst menschlich, auch verständlich. Aber auch diesen Gruppierungen sollte nichts anderes übrig bleiben, als sich entweder umzustellen, noch einmal auf die Schulbank zu setzen, um zu lernen. Oder sie müssen abtreten. Und das war immer so eine Geschichte, dass also das Bessere des Guten Feind war. Und das Bessere ist also nicht eine noch kompliziertere Atomtechnologie oder noch kompliziertere Kohletechnologie, sondern man muss wirklich auf Erneuerbare gehen. Das ist auch eine Frage, wie wir unsere Kultur organisieren, unsere Zivilisation. Und da es ein *Muss* ist, muss es auch gehen.

Ich bin überhaupt, was die Technik betrifft, zunehmend skeptisch. Wir haben uns auf zu viele und zu komplexe Techniken eingelassen und uns abhängig gemacht – nicht nur bei der Kerntechnik. Unser Verhältnis zur Technik generell gehört überdacht. Wir geraten in Probleme und versuchen immer wieder technische Lösungen, obwohl die eigentlich mental geschehen müssten. Das sind Einstellungssachen. Wir sind auf falschen Pfaden und brauchen andere Einstellungen. Beispielsweise: Was macht uns glücklich? Wenn man das wirklich überdenkt, sind es eher Dinge, die immateriell sind: Wir wollen anerkannt sein, in einem bestimmten Personenkreis wollen wir geliebt sein, wollen auch selbst Leute gerne haben können. Diese Anerkennung müssen wir uns zunehmend durch technische Bravourleistungen erkämpfen.

Wir werden wieder zu mehr immaterieller Befriedigung zurückkehren müssen, denn der technische Aufwand, den wir betreiben für unsere materialistische Kultur, die uns schon als Kleinkind eingeimpft wird, ist immens. Wir haben uns auf Irrwege begeben, schon im Kindesalter. Wir werden einiges überdenken müssen.

Wolfgang Kromp, Dr. phil., außerordentlicher Universitätsprofessor, ist seit 2009 Leiter des Instituts für Sicherheits- und Risikowissenschaften an der Universität für Bodenkultur Wien (vormaliges Institut für Risikoforschung, Universität Wien). Er arbeitete unter anderem in der anwendungsorientierten werkstoffwissenschaftlichen Forschung sowie interdisziplinär zu Risikofragen gesellschaftlich relevanter Themen wie der Kernenergie. Kromp betreibt sozioökonomische Begleitforschung zur Kernfusion oder zu den Risiken nachhaltiger Energiebereitstellung aus Biomasse und Wind sowie zur erdölfreien Nahrungsmittelproduktionssicherheit. Er ist Mitglied des Beratungsgremiums des österreichischen Umweltministers »Forum für Atomfragen« sowie der Wissenschaftskommission beim Österreichischen Bundesministerium für Landesverteidigung.

Volker Sattel und Stefan Stefanescu danken für die Unterstützung durch die Haleakala-Stiftung, Susann Schimk (credofilm), Undine Löhfelm und orange-press, Stefanie Gaus, Ute und Luna Zscharnt, Sabine Peschel, Sebastian Fessel, Andreas Koch, Martina Heßler und unseren Gesprächspartnern sowie dem Personal der hier dokumentierten Kraftwerke und Einrichtungen.

Impressum

Volker Sattel, Stefan Stefanescu: Unter Kontrolle. Eine Archäologie der Atomkraft
Freiburg, orange-press 2013

Deutsche Erstausgabe

Konzept, Fotografie und Redaktion: Stefan Stefanescu und Volker Sattel
Satz und Gestaltung: Stefan Stefanescu, Sebastian Fessel

Korrektorat: Anna Sailer, Christiane Weidemann
Transkription: Stefanie Gaus
Lithografie: Henrik Strömberg

Druck: Ruksaldruck, Berlin
Papier: MultiArt Silk 150 g/m², Munken Lynx 100 g/m²
Gesetzt aus der Neuen Haas Grotesk

ISBN: 978-3-936086-63-8
www.orange-press.com

Umschlagabbildung: Kühlturm, Kernkraftwerk Gundremmingen
Abbildung auf Umschlaginnenseiten sowie Seiten 1 und 2: Standard-Brennelemente der Firma General Electric im Brennstofflager des Kernkraftwerks Gundremmingen

orange●press

ISBN 978-3-936086-63-8